Rire

Du même auteur

Dictionnaire philosophique d'un monde sans Dieu, Éditions de l'Observatoire, 2022.
Allegro Barbaro, Éditions de l'Observatoire, 2020.
Tu finiras clochard comme ton Zola, Éditions de l'Observatoire, 2019.
Cachez cette identité que je ne saurais voir, Grasset, 2017.
C'était Charlie, Grasset, 2015.
Malaise dans l'inculture, Grasset, 2015.
Si ça continue, ça va pas durer. Chroniques, Les Échappés, 2009.
Reviens, Voltaire, ils sont devenus fous, Grasset, 2008.
Traité de savoir-survivre par temps obscurs, Grasset, 2007 ; LGF, 2008.
Le Référendum des lâches. Les arguments tabous du oui et du non à l'Europe, Le Cherche Midi, 2005.
Les Années Charlie, avec François Cavanna, Hoebeke, 2004.
Bons baisers de Ben Laden, Le Cherche Midi, 2004.
Bonjour l'ambiance, Le Cherche Midi, 2001.
No problem, Le Cherche Midi, 2000.
Fin de siècle en solde, Le Cherche Midi, 1999.
Allez-y, vous n'en reviendrez pas, Le Cherche Midi, 1994 ; J'ai lu, 1997.

Philippe Val

Rire

Éditions de
L'Observatoire

ISBN : 979-10-329-2854-7
Dépôt légal : 2024, avril

170 *bis*, boulevard du Montparnasse, 75014 Paris

Avertissement

Lecteur enjoué, de bonne foi, friand du plaisir, de la bonne humeur et des joyeuses surprises que promet le titre de mon livre, je te demande d'être patient. Le rire n'est pas un animal domestique qui vient quand on l'appelle. Il faut de longues heures d'observation, de patience, d'attente et d'approche stratégique pour avoir la chance d'apercevoir sa beauté fuyante et pour s'émerveiller devant sa puissance et sa grâce.

Lorsque je me suis mis en chemin, j'ai dû passer par des histoires, des lieux, donc par des chapitres, qui vont te paraître bien éloignés de l'objet de ma quête. Mais fais-moi confiance. Si mon itinéraire pour t'emmener à la rencontre du rire te semble sans logique, erratique, biscornu, sans rapport avec le sujet, ne te décourage pas. Tu découvriras, si tu persévères dans ta lecture, qu'au fil des pages, sans en avoir l'air, lentement, le rire apparaîtra, d'abord flou, lointain, puis plus net, et enfin proche et à portée d'âme. Là s'arrêtera le livre. On ne saurait aller plus loin. Le dernier pas, c'est toi qui le feras, si tu as la volonté d'ouvrir ton cœur – qui est sage – pour qu'il accueille le rire – qui est fou.

À l'exemple de certains dessinateurs qui, en quelques traits, suggèrent une merveilleuse totalité, j'ai réuni quelques traits du rire dont j'ai pensé l'agencement, parfois au terme de très longues et méticuleuses réflexions. J'en ai tiré quelques profits que je tiens à partager avec toi. Ce partage, c'est la raison d'être de mon livre. Je crois y avoir mis assez de soin pour qu'après l'avoir refermé, il te donne la curiosité de continuer, avec ton expérience personnelle, à faire apparaître le rire dans la jungle de tes tourments. Le jeu n'est pas sans risques, mais non sans bénéfices : à l'existence souillée par la tristesse, le remords, la peur, le ressentiment, la culpabilité, la crédulité, la honte, seul le grand souffle du rire redonne l'éclat éblouissant de l'éternelle nouveauté.

1

La genèse

Après avoir laissé d'innombrables signes derrière moi – avec un entêtement qui mériterait l'admiration s'il était compris –, des signes de cruelle bienveillance, de dure bonté, de courageuse esquive, des méthodes de survol, de tyrannique insouciance, de déchirante légèreté, après avoir allongé la morale sur le divan jusqu'à ce qu'elle avoue le crime qu'elle a commis contre ma volonté, après avoir vu les années installer dans mon âme les pesants appareils optiques qui permettent de distinguer l'indémêlable mariage de l'ordure et de la grandeur, après m'être oublié devant l'ordonnancement secret du monde qui vibre dans une lumière d'or sous le pinceau de Vermeer, comment aurais-je pu douter qu'à l'origine de toutes les choses heureuses ou douloureuses dans lesquelles nous trouvons une raison de vivre – et même d'espérer –, il y a le rire ? Le grand rire intempestif qui nous échappe et nous domine au point de consommer les larmes de nos chagrins. Le rire qui souhaite la bienvenue au hasard et à l'étonnement, et qui en veut, et qui en redemande, pour faire durer le plaisir. Car notre humaine condition est ainsi faite que ce dont nous pouvons, à bon droit, être le plus fier, n'advient jamais par calcul, mais par surprise.

2

Les déchets

À cause de la grève contre la réforme des retraites, les ordures s'entassent dans les rues de Paris. Qui a dit que « l'homme supérieur » – entendons par là l'humain sans distinction de sexe, précision nécessaire en ces temps larmoyants où l'offense est la dernière invention en date d'un christianisme réduit à un dualisme syndical simplet opposant les gentils et les méchants, alors même que le message évangélique d'avant la CGT prenait la peine, au détour de la prière à Notre Père, de requérir le pardon de nos offenses comme on pardonne à ceux qui nous ont offensés... –, qui a dit que l'homme supérieur s'élevait par sa volonté d'affronter l'épreuve avec enthousiasme ?

À l'image de la saleté des rues, des voix crapoteuses emplissent l'air, non pas pour défendre ceux que désavantagent les lois du marché, mais pour défendre leur propre condition, pourtant bien douillette et nullement menacée. Par exemple, la voix de musiciens d'un orchestre fameux qui se mettent en grève à quelques heures du concert ; la voix d'une violoniste, bien payée, retraite assurée, protégée par des acquis sociaux qui lui évitent de porter ses bagages, qui joue dans les grandes capitales du monde avec des chefs prestigieux, qui dort dans les meilleurs hôtels, voyage avec les meilleures compagnies, et qui déverse sa bile dans le micro d'un journaliste : « J'ai commencé le violon à cinq ans, j'en ai quarante ; avec l'âge, la pratique de l'instrument peut provoquer des troubles musculosquelettiques, et j'ai le droit de vivre ma retraite sans avoir mal au dos [etc.]. Ce gouvernement cynique n'a que mépris pour les salariés. C'est la faute du gouvernement qui me refuse la retraite à soixante ans si mes glapissements discordants s'ajoutent aux ordures ménagères qui s'accumulent dans les rues. » Comment une violoniste qui, en passant son archet sur une corde, ressuscite la voix de Mozart, ose-t-elle mêler ses états d'âmes d'artiste aux revendications des éboueurs ? Comment la passion de l'égalité, qui rend les Français antipathiques jusqu'aux amoureux de la France – parce qu'elle déguise en morale de justice la rage contre leur propre médiocrité –, peut-elle, avec la plus parfaite absence de cette ironie qui fait éclore la beauté dans le silence de l'âme, pousser une violoniste à mettre sur le même pied son art et le métier d'un employé municipal chargé de ramasser les ordures ? La souffrance de la musicienne, liée à sa pratique, fera toujours partie de sa vie artistique, et d'une façon ou d'une autre, la nourrira, car c'est à la fois le malheur et le bonheur des artistes que la joie et la douleur, indifféremment, les inspirent. Contrairement à la souffrance de l'éboueur qui a quelques bonnes raisons de vouloir qu'on le soulage, la diatribe bouffonne de la musicienne syndiquée, pour peu que l'on soit dans un jour de bonne santé et d'humeur joyeuse, est merveilleusement risible. Les jours de faiblesse et de mélancolie, elle peut aussi répandre une nappe de noir désespoir qui paralyse l'aile de l'albatros, réduit à piailler sur les planches, les yeux tournés vers le ciel. D'où l'intérêt de cultiver la bonne humeur, n'est-ce pas ?

3

« Les problèmes sont des opportunités déguisées »

Plongé dans les écrits, les discours, les saillies, les insolences, les fantaisies, les visions, les mémoires et les pensées de Winston Churchill, je lève les yeux sur un dessin de Cabu encadré au-dessus de ma table. Le monde de la liberté – menacé de mort par le nazisme et sa délirante conception téléologique de l'existence humaine – a été sauvé par Winston Churchill, l'homme qui, à son époque, avait peut-être le plus le sens de la fantaisie, du scepticisme, du tragique et de la blague. Certains de mes amis, et parmi ceux qui m'étaient les plus chers, sont morts parce qu'ils étaient drôles. Parfois, j'essaie de me consoler en me disant que, malgré tout, ils ont vécu dans une époque où le rire avait « droit de cité », grâce à un Anglais alcoolique, visionnaire, combatif et ironique.

4

Hamlet : « Mourir… Dormir… »

Il n'est pas nécessaire d'aller en Inde pour voir les effets de l'esprit de caste sur les individus et la société. Contrairement à ce que pense le tout-venant de nos sociologues – qui sont à la philosophie ce que les médecins de Molière étaient à la médecine –, la caste, dans notre monde libéral, ne s'impose pas tant aux individus que les individus ne se l'imposent. De même que dans la classe qui se croit aristocratique parce qu'elle a de la fortune on évite les mésalliances, on trouve chez les pauvres une certaine répugnance à se mélanger avec qui n'est « pas de son monde ». La discordance de classe, du haut en bas de la société, reste la cause de la plupart des maladies sociales. « Le poumon, le poumon, vous dis-je », répète Toinette dans *Le Malade imaginaire*. Les origines, de quelque nature qu'elles soient, sont encore prises très au sérieux dans nos sociétés, où l'adoucissement des mœurs n'a guère affûté le jugement, toujours prompt à déduire de l'origine l'excellence ou la médiocrité. Mais voici le plus comique : ceux qui, adossés aux plus volumineuses bibliothèques marxistes, dénoncent avec la plus grande virulence la tyrannie scandaleuse des origines parce qu'elles assignent les individus mal nés au statut de dominé, sont les mêmes qui édifient – avec une rage qui leur tient lieu de raison de vivre – les murs qui séparent les bons des méchants. Les bons sont bons parce qu'ils sont pauvres, et les riches sont mauvais parce qu'ils sont riches. Si, par hasard, un pauvre devient riche, il passe immédiatement du côté des méchants. Si tout le monde devenait riche, tout le monde serait donc méchant. Faut-il donc que les pauvres demeurent pauvres ? Ce n'est pas si simple. Le pauvre peut devenir riche à la condition de continuer à se comporter comme un pauvre qui déteste les riches. La France a produit la bible de ce catéchisme, laquelle, tout comme la Bible chrétienne, est composée d'un Ancien et d'un Nouveau Testament. Le sociologue Pierre Bourdieu est l'auteur du premier, intitulé *La Distinction*, et le second est composé des œuvres complètes d'Annie Ernaux. Par exemple, dans son opus intitulé *Les Années*, notre Prix Nobel se réjouit des attentats du 11 septembre 2001, ce qui n'a pas gêné les membres de l'Académie suédoise, puisque, comme chacun sait, l'Amérique est le pays des riches, donc des mauvais. « Quelques individus fanatisés venus de pays obscurantistes, juste armés de cutters, avaient rasé en moins de deux heures les symboles de la puissance américaine. Le prodige de l'exploit émerveillait [...].

On se souvenait d'un autre 11 septembre et de l'assassinat d'Allende. Quelque chose se payait. »

Bien sûr, c'est parfaitement idiot, mais cela montre à quel point il n'est pas nécessaire d'aller chercher en Inde les effets des castes sur l'individu et la société. Or il se trouve que Bourdieu, éminent professeur au Collège de France, dont les livres sont traduits et étudiés dans toutes les grandes universités étrangères, jouissait d'un niveau de vie plutôt supérieur à celui de la moyenne des Français. Nul scandale à cela, puisqu'il ne devait sa fortune qu'à son talent et à son travail. Il venait d'un milieu très modeste de petits fonctionnaires des postes du Sud-Ouest profond. Toute sa vie, et malgré son éclatante réussite sociale, professionnelle et financière, il a professé que l'origine modeste était une prison sociale d'où personne ne s'échappait, alors qu'il était la preuve du contraire. Le cas d'Annie Ernaux est identique. Fille d'un buraliste rural, elle a fait de brillantes études et produit une œuvre qui lui vaut une renommée internationale, une reconnaissance sociale et des droits d'auteur raisonnablement astronomiques. Rien à redire à cela ; elle n'a volé personne, elle a su conquérir un public avec une œuvre personnelle qui lui apporte la plus grande estime du milieu littéraire et universitaire de son pays. Mais, fidèle à l'Ancien Testament de Bourdieu, toute son œuvre dénonce l'impossibilité pour ses semblables nés dans la petite pauvreté d'accéder à la réussite et à la reconnaissance sociale. Elle est la preuve vivante du contraire, mais plus c'est faux, plus ça plaît. Jamais un sourire, jamais un rire ; c'est avec une morgue de fer qu'elle récite son bréviaire de la haine des méchants riches avec lesquels elle n'a rien en commun, hormis la richesse. Ce n'est pas sa révolte contre la misère et l'ignorance qui est comique – Victor Hugo était déjà milliardaire quand il écrivit *Les Misérables* –, c'est son entêtement à affirmer non seulement qu'il est impossible dans notre société libérale de s'extraire de la misère et de l'ignorance, mais que ceux qui s'en sortent sont une aporie : ce sont des salauds et ils n'existent pas – sauf elle, qui à la fois existe et n'est pas une salope. On dira que cette dernière phrase est bien tarabiscotée, et c'est vrai. La raison en est qu'il n'y a pas plus tarabiscoté que ce qu'elle raconte. Elle exprime un tempérament humain qui se nourrit d'un désir de revanche qu'aucune réussite ne peut apaiser. « Vous qui naissez dans cette société infernale, laissez toute espérance. Certes, moi, je m'en suis sortie, mais lorsque je fais mes courses, je persiste à souffrir jusqu'au fond de mon être de l'augmentation scandaleuse du Sopalin. »

Alors au sommet de sa gloire, Pierre Bourdieu a été invité à Berlin pour dialoguer avec le Prix Nobel de littérature Günter Grass. La rencontre était retransmise sur une chaîne française. J'en avais été averti par Bourdieu lui-même, et quelques jours avant, il m'avait recommandé de ne pas manquer l'émission. L'événement faisait frétiller toutes les grenouilles dans le bénitier de l'École des hautes études en sciences sociales. À l'époque, les rédactions branchées n'avaient déjà plus pour bible les reportages d'Albert Londres, ni même les enquêtes du délirant Hunter S. Thompson, mort défoncé après avoir légué au journalisme sa feuille de route : « Le vrai reportage gonzo exige le talent d'un maître journaliste, l'œil d'un photographe et les couilles en bronze d'un artiste. » Non. Le guide-chant du journaliste engagé d'alors était *La Misère du monde*, ouvrage aussi réjouissant que son titre, publié sous la direction de Pierre Bourdieu. Dans ce gros pavé, on apprenait que, quel que soit le milieu social dans lequel on évolue, il se trouve toujours quelqu'un au-dessus de soi pour exercer une domination, laquelle ne manque pas de produire de la souffrance et de l'humiliation. Cette vision du monde implique une espèce de cercle vicieux. Puisque la domination est fatale – dans notre société corrompue, s'entend, et non dans une société ayant aboli toute l'indignité de la différence entre les individus –, la question se pose : qui domine l'homme le plus riche et le plus puissant de l'humanité, sinon Dieu ? Et comme il n'y a pas d'exception, sans doute Dieu lui-même est-il dominé par ceux qui le créent, donc les hommes, et c'est reparti pour un tour. Le monde selon *La Misère du monde* s'apparente à ces manèges vertigineux où alternent l'envie de mourir pendant la montée et l'envie de vomir pendant la descente. Mourir… vomir… voilà le destin du Hamlet shakespearien revu et corrigé par la sociologie.

Enfin arrive le grand jour. Pierre Bourdieu et Günter Grass sont face à face, et, devant les écrans de télévision, le gratin intellectuel franco-allemand a garni ses tables basses de pizzas, de chips et de bibines pour assister au match de l'équipe de France de sociologie contre l'équipe d'Allemagne de littérature.

— Bla-bla-bla, ça va mal, bla-bla-bla, les riches, bla-bla-bla, le salariat, bla-bla-bla.

— Bla-bla-bla, la culture, bla-bla-bla, Karl Marx, bla-bla-bla, Dostoïevski, bla-bla-bla.

Le match s'étire, et les bouts de pizzas froides commencent à bâiller entre les miettes de chips. Soudain, Günter Grass prend le ballon, pique un sprint et shoot :

— Le problème, avec vous, cher Pierre, c'est que vous n'êtes pas drôle.

Stupeur dans la galaxie pensante européenne. Comment le Français va-t-il égaliser après avoir encaissé le but allemand… Silence. Bourdieu se concentre, puis imprime sur son visage un air subtilement supérieur tempéré par un sourire contrit :

— Mais, cher ami, ce que j'ai à dire n'est pas drôle…

Sous-entendu, je ne suis pas un pitre, je parle de ces choses très lourdes qui perpétuent la misère du monde.

Il va de soi que je reconstitue le dialogue avec ma mémoire défaillante. En langue familière, cela aurait donné :

Grass : — Pfff, ça fait une heure qu'on discute, et putain, t'es pas marrant...

Bourdieu : — Mais merde, je ne suis pas là pour te faire marrer, bordel !

À ce moment précis du dialogue, le monde pensant se divise en deux univers intellectuels irréconciliables, celui du ressentiment pleurnichard et celui du tragique rigolard. Nietzsche aurait été bien surpris de ce renversement des rôles, lui qui tenait en haute estime la littérature française et l'ironie de nos moralistes du XVIIe siècle. « On reconnaît l'homme de génie à son rire », disait-il. Et il ajoutait : « Et le grand homme allemand ne rit pas. » Cet échange entre Günter Grass et Bourdieu était-il une exception à la règle nietzschéenne ou bien un triste retournement de situation ? La légèreté ironique a-t-elle quitté la France pour s'installer outre-Rhin et croiser en passant la lourdeur jargonnante hégélienne en route pour faire son nid au Collège de France ?

Si les choses étaient si simples, au lieu de déprimer en France, il suffirait d'émigrer en Allemagne pour respirer et retrouver l'appétit du monde. Hélas ! c'est un peu partout dans le monde que le match indécis Bourdieu-Grass ne cesse de se jouer, un peu partout que les enfants solitaires de Nietzsche ferraillent avec plus ou moins de succès contre la horde des enfants de Jean-Jacques Rousseau, ce pleurnichard dont les larmes éternelles ne cessent d'irriguer toutes les variations idéologiques qui prophétisent que, pour sauver une moitié de l'humanité, il faudra zigouiller l'autre.

Et comme décidément les choses ne sont pas blanches ou noires, si Günter Grass tape dans le mille en reprochant à Bourdieu son absence de fantaisie, avec pour conséquence de faire marcher la philosophie et l'humanité sur une seule jambe, lui-même boite singulièrement dès qu'il s'agit de penser la politique. Artiste doué, Grass est au mieux un penseur naïvement aberrant – chose fréquente chez les artistes –, au pire un hypocrite intelligent. Sa confession sur sa jeunesse nazie et ses prises de position, notamment sur l'affaire des caricatures de Mahomet et sur l'État d'Israël, ont singulièrement dégonflé la baudruche de sympathie qui flottait au-dessus de son œuvre. Car c'est un des paradoxes les plus exigeants : être vraiment drôle demande le plus grand sérieux.

5

Œdipe et Ciboulette

C'est sur des étagères oubliées de la Bibliothèque nationale, cachés sous des reliures fanées, qu'étincellent les partitions de Reynaldo Hahn et les livrets de Robert de Flers, Francis de Croisset et autres farceurs hilarants et mélancoliques… Ils étaient les amis de Marcel Proust, lui-même toujours à l'affût d'une bonne occasion de dissimuler un fou rire en se frottant la barbe (ou la moustache). En 1923, Proust était mort depuis un an quand fut créée *Ciboulette*, opérette échevelée qui, à coup sûr, l'aurait fait mourir de rire. Son hilarité aurait été de même nature que le malaise qui l'avait saisi devant la *Vue de Delft*, en découvrant le fameux petit pan de mur jaune jailli comme par surprise sous le pinceau de Vermeer, malaise qu'il prêta à Bergotte dans *À la recherche du temps perdu*. Proust adorait ces spectacles légers qui franchissaient avec grâce toutes les limites du bon goût et du bon sens. Dans les blagues et les invraisemblances de *Ciboulette*, comment n'aurait-il pas perçu le déguisement comique dont s'affublent les pulsions les plus obscures et les plus tyranniques ? Si la sublimation a un sens, c'est là qu'il s'épanouit avec le plus d'insolence.

Ciboulette est maraîchère. Elle est gentille et malicieuse. Une diseuse de bonne aventure lui prédit qu'elle se mariera avec un dandy millionnaire. Il faut toutefois que trois conditions soient réunies : qu'elle le trouve sous un chou, qu'elle lui fasse quitter une femme subitement devenue blanche, et qu'elle trouve un billet dans un tambour basque.

Ici, la diseuse de bonne aventure n'est qu'un artifice reprenant, sur le mode comique, le rôle de l'antique oracle d'Apollon. Le sens de ses prophéties est toujours le même : on ne peut échapper aux accidents d'une réalité qui n'est qu'accidents. Vouloir déjouer l'imprévisible ne fait qu'aggraver la situation, comme Œdipe l'apprit à ses dépens. Dans tous les cas, l'oracle dit n'importe quoi, pour signifier que ce qui arrive est éternellement n'importe quoi. D'ailleurs, si les faits n'étaient pas aussi dramatiques, le ressort classique du quiproquo ferait de la tragédie d'Œdipe une très bonne comédie de Marivaux, de Feydeau ou de Guitry : Œdipe croit dur comme fer que son père et sa mère sont le roi et la reine de Corinthe ; l'oracle de Delphes lui annonce qu'il va baiser sa mère et tuer son père ; horrifié, Œdipe fuit Corinthe et se réfugie à Thèbes, où il baise la reine, qui est sa vraie mère, et assassine le roi, qui est son vrai père. Oups ! comme on dit aujourd'hui.

Ciboulette, après quelques péripéties et malentendus, découvre son amoureux sous un chou, le pique à une rivale devenue toute blanche, et trouve un billet dans un tambour basque. Pour finir, elle devient une vedette de music-hall et tout le monde chante, rit et danse. C'est la même histoire qu'Œdipe, en ce sens qu'un oracle prédit n'importe quoi à Ciboulette, et comme c'est toujours n'importe quoi qui arrive, la prédiction se vérifie. Dans le premier cas, l'effet tragique est puissant, dans l'autre l'effet comique est irrésistible, et pourtant, par le système narratif – la prophétie et sa réalisation –, les deux histoires sont très proches l'une de l'autre, tout comme la tragédie et la comédie ne sont qu'affaire du point de vue de l'auteur.

Le livret de *Ciboulette* est truffé de subites incohérences – comme le chœur de ses prétendants tous plus moches les uns que les autres –, de dialogues qui sautent du coq à l'âne, et de situations pas moins difficiles à croire que ne l'est la réalité. Cette liberté d'imagination et d'écriture explosive, si gaie, si charmante, si légère, que sous-tend une profonde mélancolie qui refuse de se prendre au tragique, va inspirer le mouvement surréaliste. Il en édictera les règles, et surtout, il la drapera dans une posture qu'il ne cessera d'essayer de rendre compatible avec l'idéologie « progressiste » de l'époque, à savoir le communisme. Adieu Ciboulette profane, la petite maraîchère pauvre, bonjour le prolétaire sacré, et finie la rigolade. J'ai mis longtemps à comprendre pourquoi je n'aimais pas les surréalistes – à quelques exceptions près comme Dalí ou Buñuel. Les surréalistes sont les curés de la fantaisie, les procureurs de la liberté, les comptables de la légèreté, les juges de l'insouciance, les théoriciens de l'indéfinissable. Freud, qui ne les aimait pas, était sans doute rebuté par leur manière vaniteuse de rédiger un code de la route pour arpenter la voie qui mène de l'inconscient à la création. Rendre la spontanéité obligatoire, c'est fabriquer une volière pour admirer la migration des oies sauvages.

6

« La musique souvent me prend comme une mer »

Une nuit, j'écoutais le *Concerto pour piano n° 24* de Mozart. J'étais dans l'état très avancé d'une sorte d'ivresse de la perception. C'est son seul concerto dans la tonalité d'*ut* mineur, celle de la *Grande Messe*… Je me disais qu'il avait des accents beethoveniens, avec des masses d'orchestre inquiètes, les thèmes graves du premier mouvement, et le thème du deuxième, qui hésite entre le sérieux et la fantaisie… Mais, contrairement à Beethoven, chez Mozart, il y a toujours un peu d'une frivolité irrésistible sous la mélancolie la plus délicate. Pour la première fois, je me suis laissé transporter jusqu'au vertige par les courants de ce concerto qui m'était moins familier que d'autres et qui, ce soir-là, est passé soudainement du noir et blanc à la couleur. Il est difficile de définir le bonheur… Il n'est pas pure béatitude. Dans le bonheur, la conscience poignante qu'il ne durera pas se fait sentir, mais cette douloureuse certitude elle-même contribue à l'intensité du bonheur. Si nous sommes d'accord là-dessus, alors je peux dire que j'ai connu, ce soir-là, un moment de bonheur.

Et j'ai pris conscience que l'existence de la musique sera toujours pour moi une intarissable source d'étonnement. D'abord parce que, comme la plupart d'entre nous, j'ai essayé de la comprendre, ensuite parce que j'en ai joui toujours davantage à mesure que je me suis persuadé qu'il n'y avait rien à comprendre. Le premier étonnement vient du constat très déraisonnable – et vexant pour l'intelligence – que plus on aime une chose, moins on la comprend, et que moins on la comprend plus on l'aime. Je ne parle pas ici de comprendre les ressorts, la structure, la grammaire d'une partition. Non, mais de comprendre pourquoi telle note, avec celles qui la précèdent et la suivent, produit soudainement une beauté éblouissante, par exemple…

Mon étonnement est encore d'un autre ordre. Il concerne l'existence même de la musique. Je rends grâce au hasard de m'avoir fait naître dans une version de la vie où la musique existe. Très longtemps, la vie s'est passée de musique. Les amibes, les dinosaures et les grands singes ont régné des millions d'années sans qu'on entende la moindre musique dans l'univers, sauf à considérer comme tels les sons produits par la satisfaction des instincts de prédation et de reproduction, mais je ne veux pas m'aventurer dans ce débat. J'entends ici par musique ce qui vient de l'acte absolument volontaire de *faire de la musique*. Je pense qu'il serait prudent de faire la différence entre le chant des baleines ou des oiseaux et les *Vêpres de la Vierge* de Monteverdi. Dans le cas des oiseaux et des baleines, ce sont nos oreilles qui, parfois avec pertinence, entendent de la musique dans leur chant, mais ni l'oiseau ni la baleine ne consacrent leur vie à la composition musicale, comme l'ont fait, le font encore, et le feront toujours, un nombre stupéfiant d'êtres humains un peu partout sur la Terre.

Pourquoi la musique existe-t-elle ? Elle n'est d'aucune nécessité apparente, ne sert à rien, ne veut rien dire, et prend un temps précieux qui pourrait être consacré aux occupations de la survie fragile de l'espèce. Imaginons une tribu d'*Homo sapiens* il y a deux cent mille ans, et je demande pardon par avance aux paléontologues pour les libertés que je prends avec leur précieux savoir...

Ils ont chassé, et peut-être planté des graines ; ils ont peut-être affronté la tribu voisine, échappé à un fauve ; la journée a été bien remplie. Ils sont regroupés autour d'un feu, et l'un d'eux frappe en rythme deux morceaux de bois, tandis qu'un autre improvise une mélodie en soufflant dans un roseau – ou un tibia. Sans doute ont-ils une foi animiste, c'est-à-dire des croyances communes qui les rassemblent, lesquelles sont composées de récits métaphysiques qui tentent de donner un sens à ce qui leur arrive et au monde qui les entoure. Contrairement aux animaux qu'ils chassent, qu'ils domestiquent ou qui les menacent, ils ont conscience de l'inéluctable de leur propre mort. Le passage de l'animalité à l'humanité commence avec la conscience de la mort. En résumé, ils ont déjà en commun avec nous de savoir qu'ils vivent dans un univers incontrôlable et qu'ils sont destinés à mourir. Toute l'énergie qu'ils mettent dans la construction de leurs mythes a pour but d'inventer du sens, une finalité, un but, à une vie inexplicable et limitée dans le temps, remplie d'accidents insensés – orages, déluges, chaleur, froid, nuit, jour, épidémies – et dont l'horizon ultime est le néant.

Le mythe est un abri, une maison, un refuge, dont le matériau de construction sont des histoires dans lesquelles les phénomènes auxquels ils sont confrontés ont une cause et un but. Grâce au mythe, on explique le ciel et la terre, la chasse bonne ou mauvaise, les intempéries, les victoires, les défaites, et même la mort, au-delà de laquelle, généralement, survit l'esprit des ancêtres. Le mythe substitue au hasard, pour le conjurer, une logique métaphysique. En ce sens, il peut être considéré comme une invention mensongère bienfaisante, puisqu'il permet de supporter l'insupportable. Mais il y a un prix à payer. Ce sont les lois qui en découlent, plus ou moins aberrantes, comme on le constate encore aujourd'hui dans la plupart des religions. Obéir aux lois du mythe revient *d'abord*, la plupart du temps, à punir ceux qui leur désobéissent. Il impose des rituels plus ou moins cruels, afin de rendre un écho crédible à la cruauté du hasard, et des comportements contraignants, des cérémonies initiatiques, des sacrifices expiatoires. Le mythe a beau faire, il a beau inventer tout ce qu'il veut pour rendre le récit d'un ordre du monde compatible avec la réalité, il reste un carcan d'autant plus rigide qu'il est sans cesse confronté aux démentis que lui opposent les hasards de la vie et les pulsions des individus. Le mythe, en ces temps primitifs, se confond avec la vie, régit la vie, occupe la vie, et, sans doute, sauve aussi la vie, grâce aux liens de solidarité qu'il établit au sein de la communauté. L'individu solitaire, exclu ou dissident, ne devait avoir qu'une espérance de vie très brève. Au sein de la tribu, tout acte avait une signification, allait dans un sens, confirmait la conception du monde racontée par le mythe. Sauf qu'à un moment, autour du feu, l'un d'eux tape en rythme sur deux morceaux de bois tandis qu'un autre improvise une mélodie en soufflant dans un roseau. Je sais que l'on va dire que cette apparition de la musique est profondément liée au mythe et qu'elle participe au rituel. À première vue, cela paraît évident. Pourtant, je suis convaincu du contraire. C'est par commodité que je choisis de raconter comme une anecdote d'un soir ce qui s'est lentement accomplie pendant des dizaines de milliers d'années. Je suis persuadé que la première musique n'accompagnait pas le rituel. Au contraire, elle est l'invention d'un langage interdit qui, protégé par le secret de son code qui ne laisse entendre qu'un mélange de fréquences, contredit radicalement le mythe et désobéit au rituel. C'est beaucoup plus tard que le rituel a récupéré la musique, parce qu'elle était devenue trop mystérieusement vitale pour s'y opposer sans danger. Dès l'Antiquité, Platon se méfie de la musique, et interdit dans sa République idéale la musique « plaintive et voluptueuse » pour ne tolérer que la martiale. Encore aujourd'hui, l'islam radical interdit la musique parce qu'elle corrompt la vie très ritualisée du « bon musulman »... La plupart des religions ont fini par intégrer la musique dans leurs rituels, sans doute par crainte que son interdiction totale ne soit pas tenable, mais en l'encadrant, en lui imposant des limites et des lois. En 1325, le pape Jean XXII, avec le décret *Docta Sanctorum*, condamne les compositions polyphoniques, qu'il accuse d'attirer les fidèles à l'église, non pour assister à la messe, mais pour jouir de la musique.

Alors la question se pose. Il y a deux cent mille ans, dans un monde animiste qui donne une cause et un but à chaque chose, que viennent faire nos deux *Homo sapiens*, le flûtiste et le tambourinaire, en émettant des sons qui n'ont aucun sens ? Dans un monde qui n'en avait nul besoin, tout étant, d'une certaine façon, *verbalisé* de manière à ce qu'il se suffise à lui-même, tant pour ses causes que pour ses effets, pourquoi la musique est-elle venue s'ajouter au langage humain ? À quelle obscure, inavouable, mais vitale nécessité a répondu l'invention de la musique ? Pourquoi ce langage, qui, au fil des siècles, est devenu celui d'une aristocratie de l'esprit, a-t-il, depuis le fond des temps, suscité d'innombrables vocations d'inventeurs et de facteurs d'instruments toujours plus complexes, et de grammairiens toujours plus audacieux ? Le « langage musique », depuis l'émission de la première note jusqu'à cet instant, n'a cessé d'être « parlé » par le genre humain sans aucune interruption documentée. Il mute à chaque génération, il crée des architectures de sons dont le moindre changement de fréquence peut modifier tout l'édifice. Il réclame une mémoire, une agilité, une précision et une éducation élevées. La musique est donc le seul langage humain qui, en premier lieu, connaît une telle permanence, qui, par ailleurs, n'a jamais cessé de s'enrichir, et qui, enfin – et c'est l'essentiel – n'a rien à dire. Alors pourquoi l'esprit humain consacre-t-il tant d'efforts pour élaborer un langage qui ne *veut* rien dire ? Il va de soi que la musique dit quelque chose, elle dit même beaucoup, elle dit ce qu'on veut, mais elle ne *veut* rien dire. Elle se contente d'être. Les problèmes formels de son interprétation sont assez simples à résumer : il s'agit de jouer les bonnes notes au bon rythme, avec les bonnes nuances, cette troisième exigence étant évidemment la plus problématique, la plus sujette à d'infinies conjectures, justement parce qu'il faut essayer de saisir ce que dit la musique sans le dire.

Dans le monde de nos deux *Homo sapiens* musiciens, les fables du mythe, pour utiles qu'elles soient, sont difficiles à vivre. Ses mensonges nous protègent et nous unissent, mais cela reste des mensonges qui nous frustrent de la jubilation profane de percevoir, éblouis, étonnés et enthousiastes, que nous ne sommes qu'une configuration momentanée du chaos de l'univers. Infiniment plus que la magie des dieux, cette intuition du monde réel est stupéfiante. La stupéfaction peut être suivie de regrets, de peur, d'angoisse, mais ce qui compte, c'est la stupéfaction primordiale, l'ivresse de l'étonnement. Dans ce monde du mensonge utile, la musique inutile dit la vérité. Une vérité étrangement libératrice. On pense souvent que la musique a d'abord été religieuse, puis profane. Je pense au contraire qu'elle a d'abord été radicalement profane, et que le mythe l'a récupérée parce qu'il ne pouvait pas faire autrement. Et d'ailleurs, elle est restée profane. Elle n'est religieuse que parce qu'on lui colle l'étiquette « messe », ou « cantate ». Aujourd'hui, en France, il y a infiniment plus d'indifférents à la religion que de croyants pour rendre grâce en écoutant les messes de Bach ou de Mozart, lequel n'a jamais fait preuve d'un quelconque zèle religieux. Ça ne l'a d'ailleurs pas empêché de composer dix-huit messes, parmi lesquelles la *Messe en ut mineur* dite *Grande Messe* – la tonalité du *Concerto pour piano n*° *24* –, et le *Requiem*, qui sont des sommets, sinon de la religiosité, du moins de la musique.

La musique a été inventée parce qu'il fallait bien ouvrir une fenêtre dans la maison étanche du mythe. Une fenêtre sur la pure réalité dont témoigne la pure réalité du battement régulier de deux morceaux de bois et des fréquences changeantes de la flûte. Un *Homo sapiens* de la même tribu, très intelligent, esprit supérieur capable de recul et doté d'humour, a peut-être éclaté de rire en voyant la lune poursuivre sa course indifférente au sacrifice qu'on faisait pour elle. C'est à la fois infiniment drôle et infiniment triste, se dit-il, car la réalité, c'est que nous ne sommes qu'un vouloir-vivre qui va mourir. Et c'est la jubilation de ce vouloir-vivre – non en dépit du hasard, mais grâce au hasard – qui guide la main du percussionniste et le souffle du flûtiste. La musique est venue danser autour du mythe en chantant : « Je suis beaucoup plus concrète que toi, je vibre, j'existe, j'ai un début et une fin, comme tout le reste, et je ne suis pas métaphysique, je n'exprime que notre vie réelle, animée par l'amour et limitée par la mort. »

On comprend pourquoi les religions ont un rapport compliqué avec la musique. Elles l'ont toujours soupçonnée, avec raison, d'être la forme supérieure du rire qui succède au dévoilement d'un monde dont elles dissimulent la beauté scandaleuse et tragique.

7

Libération d'otage

À l'époque où le Vatican était une centrale nucléaire spirituelle qui fournissait toute l'Europe en énergie, il existait des musiques qui ne pouvaient se jouer qu'entre ses hauts murs. Cette « musique interdite » était sévèrement gardée par les autorités religieuses. C'est ainsi que, pendant près d'un siècle et demi, le *Miserere* d'Allegri – un somptueux motet qui témoigne de la polyphonie savante du jeune XVIIe siècle – est resté captif au Vatican. Ceux qui avaient eu la chance de l'écouter en compagnie du pape et des prélats dans la chapelle Sixtine avaient rapidement propagé la légende de cette musique angélique, et ce mystérieux *Miserere* était devenu mythique. C'est l'exemple étonnant d'un « tube » jamais entendu de personne, hormis bien sûr de quelques initiés. Or, voici que pendant la semaine de Pâques 1770, Mozart et son père Léopold, en tournée en Italie, se rendent au Vatican. Le Vendredi saint, en présence du souverain pontife, on joue le fameux *Miserere*. Le lendemain matin, Léopold jubile. Il écrit à sa femme : « Tu sais que le *Miserere* de la chapelle Sixtine est estimé si haut qu'il est défendu aux musiciens de la chapelle, sous peine d'excommunication, d'en emporter une partie [...], de la copier ou de la donner [...] ? Ce qui n'empêche pas que nous l'avons déjà. Wolfgang l'a écrit de mémoire. » Interdire à une musique de sortir du Vatican pour que seuls les princes de l'Église puissent en jouir, c'est un peu interdire la fornication à toute la chrétienté et signer en douce un contrat d'exclusivité à Stormy Daniels.

Quoi qu'il en soit, j'imagine l'adolescent de quatorze ans dans sa chambre romaine, en train de se chanter et de noter entre deux fous rires les délicates modulations. En ouvrant la cage au *Miserere* dans la nuit du Vendredi au Samedi saint, le facétieux Mozart n'était agité d'aucun remords : ce n'était pas un vol dans le sens d'un larcin, c'était un vol d'oiseau. Le *Miserere* était rendu à sa destination première, c'est-à-dire n'importe où dans le monde pourvu qu'il y ait des interprètes capables de l'exécuter. Il s'agissait, pour Mozart, d'un acte de solidarité. Au même titre que ses propres œuvres, il fallait que celle-ci puisse rendre heureux n'importe qui.

8
Le rire de Léonard

C'est une constante que les prêcheurs d'une vie pénitente séquestrent les beautés les plus subversives derrière les murs de leurs palais. Jusqu'aux nazis qui vidaient les musées et pillaient les collections des villes qu'ils occupaient pour s'approprier les trésors d'une civilisation qu'ils abhorraient. Hitler n'aurait pas pu supporter la Joconde dans son salon : elle ne l'aurait jamais lâché des yeux, avec cette ébauche d'ironie sur les lèvres. Au bout d'un moment, il aurait craqué : « Mais elle se fout de ma gueule, cette pute ! » Tandis que pour l'esprit libre qui a conscience de la frontière fragile qui sépare la décence de l'indécence, l'héroïsme de la lâcheté, la bonté de la méchanceté, le sourire de la Joconde est un sourire de complicité : « Le monde que toi et moi nous contemplons est une blague, mais chut !... » Car si c'est bien elle qui est accrochée au mur dans un cadre, le tableau, c'est nous, et le spectateur, c'est elle. Si le monde entier défile au Louvre, ce n'est pas pour la voir, c'est pour être vu par elle. Son sourire n'est énigmatique

que si l'on ne saisit pas que nous sommes en train d'observer quelqu'un qui nous observe. Pour les âmes aristocratiques capables de pleurer et de rire d'une même chose, ce demi-sourire est une caresse échappée du pinceau de Léonard, et qui voyage à travers les siècles.

9

Le sketch

Le sketch, comme mode de représentation parmi d'autres – opéra, cinéma, ballet, etc. –, peut se jouer seul ou à plusieurs. Mais les sketches inoubliables, les plus efficaces, les plus hilarants, les plus historiques, sont ceux qui, depuis Homère, se jouent à deux, et toujours avec un clown blanc et un auguste : Achille et Ulysse, Don Quichotte et Sancho Pança, Bouvard et Pécuchet, Poiret et Serrault, Zorro et le sergent Garcia, Roosevelt et Staline, Pierre Dac et Francis Blanche, Dom Juan et Sganarelle, Montaigne et La Boétie, Laurel et Hardy, Sherlock Holmes et le docteur Watson, Javert et Jean Valjean, Charles de Gaulle et André Malraux, Pantagruel et Panurge, etc., liste non exhaustive dont l'ordre, qui doit tout au hasard, n'implique aucune hiérarchie de valeur. Le sketch à deux repose toujours sur le dialogue impossible de l'auguste et du clown blanc. Si, dans la liste ci-dessus, il est parfois difficile de démêler lequel est l'un et lequel est l'autre, pour la plupart, c'est évident. Par exemple, Achille, Don Quichotte,

Jean Poiret, Zorro, Pierre Dac, Dom Juan sont des clowns blancs ; Ulysse, Sancho Pança, Serrault, le sergent Garcia, Malraux, Sganarelle et docteur Watson sont des augustes.

La bonne durée d'un sketch ? Les avis divergent, mais cinq ou sept minutes bien remplies se révèlent adéquates à cette forme très exigeante. Mais j'ai moi-même pratiqué le genre pendant des années, et j'ai fait l'expérience de sketches initialement prévus pour durer sept minutes, que l'interprétation allongeait jusqu'à la grosse demi-heure. Et je pense que c'était les meilleurs sketches, parce qu'à l'auguste et au clown blanc que nous étions avec mon partenaire s'ajoutait le public, dont les réactions rendaient évidentes les improvisations les plus improbables. Cette intervention du tiers médiateur – ici le public – est absolument décisive pour la réussite d'un bon sketch, comme dans toute affaire humaine, d'ailleurs. Enfin, il n'y a pas que des bons augustes et des méchants clowns blancs, ou l'inverse. Leurs vertus sont interchangeables ; ils peuvent alternativement être négatifs ou positifs, et les changements de camp – de celui du bien à celui du mal et vice versa – font partie du ressort comique. Leur constante différence, c'est que l'un mime la bonne tenue sérieuse, l'autre le laisser-aller fantaisiste. À chacun de choisir d'où sortira la vérité, de l'orgueilleux sourcil relevé dessiné sur le front blanc, ou du nez rouge, en dépit du fait qu'ils sont parfois aussi incohérents l'un que l'autre.

Mais si le genre « sketch de music-hall » se joue à deux individus, dans le genre « sketch historique », chacun des deux clowns est composé de millions d'acteurs. Dans ce cas, le sketch a tendance à s'étirer sur plusieurs années, voire sur un siècle. À l'instant où j'écris ces lignes, nous assistons à un sketch qui a commencé dans la première moitié du siècle passé et qui présente encore aujourd'hui d'incroyables péripéties. Pour aller vite, les deux protagonistes sont les communistes et les réactionnaires. J'entends ici par « communiste » tout ce qui, selon la doxa en vigueur, n'est pas réactionnaire et par « réactionnaire », tout ce qui, selon la même doxa, n'est pas communiste. Les deux se déclinent en une grande variété de nuances sous-tendues par les deux thèmes plus ou moins unificateurs qui les opposent. Pour les uns, on fait table rase du passé et l'avenir est idéal, pour les autres, le passé est idéal et l'avenir est menaçant. Comme dans tout bon sketch, les arguments qui s'affrontent sont deux aberrations : pour les uns, le retour vers le futur, pour les autres, le retour vers le passé. Postulons que les communistes sont l'auguste et les réactionnaires le clown blanc. Nous verrons plus tard s'il est préférable de les inverser.

Chez les communistes se trouve une grande variété d'augustes : les militants, les sympathisants, les compagnons de route et les opportunistes, avec les sous-catégories trotskistes, maoïstes, staliniens, gramsciens, etc. Retenons cette dernière sous-catégorie, c'est, pour le sujet qui nous occupe, c'est-à-dire le sketch, la plus importante. Les clowns blancs jouissent de la même diversité : les sociaux-démocrates sceptiques, les libéraux laïcs, les conservateurs modérés, les réactionnaires décents, les sans opinions apparentes, les ultra-réactionnaires et les fascistes.

Le sketch commence au début des années 1920, lorsque Mussolini prend le pouvoir et qu'un jeune intellectuel communiste, Antonio Gramsci, se dresse pour lui barrer la route. Gramsci sera arrêté en 1926 et restera emprisonné jusqu'à sa mort en 1937. Il avait quarante-six ans. Il avait eu le temps d'être un des membres fondateurs du Parti communiste italien, et son dirigeant. Théoricien politique, il couvre de son domaine d'étude tout le clavier de l'action militante : économie, justice, éducation, philosophie, culture, etc. Si ses réflexions ont nourri un communisme pro-européen plus solaire, plus méridional que le sombre et glacial communisme soviétique, c'est par sa conception de la culture qu'il est devenu l'inspirateur numéro un des communistes européens, italiens bien sûr, mais aussi français. Après la Seconde Guerre mondiale, Sartre, le plus célèbre des compagnons de route, considère que Gramsci est le penseur marxiste le plus novateur du XXe siècle. Et sur ce point, tous les communistes lui donnent raison, surtout en ce qui concerne le combat contre « l'hégémonie culturelle ». Gramsci considère que si le peuple consent à la tyrannie des réactionnaires, c'est parce que ces derniers détiennent le monopole de la production culturelle. Pour arriver au pouvoir porté par le peuple, il faut que l'hégémonie change de camp, et que les communistes s'approprient l'exclusivité de la culture.

Autant un tel projet était utopique dans le monde des régimes autoritaires d'avant-guerre – Gramsci l'a vécu à ses dépens –, autant, dans les démocraties tolérantes qui se sont instaurées après la guerre, le coup était jouable. Car s'il est impossible d'imaginer une culture réactionnaire s'imposer dans un régime communiste, en revanche, une culture communiste peut rentrer comme dans du beurre dans une société démocratique. Et c'est ce qui s'est produit en France, mais aussi, selon des modes et chronologies un peu différentes, dans les autres pays d'Europe de l'Ouest. Militants de l'éducation populaire, écrivains, universitaires, dramaturges, les communistes français ont regroupé autour d'eux la majorité les acteurs de la vie culturelle. La poésie, la littérature, la peinture, la chanson, le théâtre, ne se suffisaient plus à eux-mêmes, comme chez les réactionnaires. Ils avaient un but, un but communiste : cultiver le peuple pour qu'il ne consente plus à la tyrannie des réactionnaires. Aragon, menteur pathologique, contrairement à ce qu'il prétendait, « ne chantait pas pour passer le temps ». Il chantait pour qu'advienne le communisme. Et la plupart des intellectuels et des artistes, par intérêt, conviction ou résignation, qui compagnons de route, qui encartés militants, qui libertaires sympathisants, ont pieusement contribué au projet. S'il est difficile de trancher s'il existait avant la guerre une hégémonie culturelle en France, après la guerre, cela ne faisait aucun doute. L'hégémonie communiste est patente.

Dans cette hégémonie, on trouvait d'ailleurs de grands metteurs en scène, comme Jean Vilar, de grands acteurs, des chanteuses et des chanteurs talentueux qui ont mérité leurs succès populaires, là n'est pas le fond du problème. Le point de friction, là où se joue la lutte à mort, c'est la situation des intellectuels et des artistes qui ne sont pas communistes. Ils sont donc, selon la loi binaire du sketch, automatiquement réactionnaires. Bien que les réactionnaires aient fourni des artistes et des intellectuels qui ont connu le succès que méritait leur talent, ils n'en sont pas moins demeurés un peu pestiférés, traîtres à la bonne cause, des ringards, des gaullistes, voire des fascistes. J'ai connu une époque où l'agence de spectacle communiste Travail et Culture programmait la quasi-totalité des tournées des spectacles populaires un peu littéraires et intellectuels. C'était l'âge d'or d'Yves Montand et de Bertolt Brecht, et de toute la cohorte des maîtres-à-penser-ce-qu'il-faut-penser, des chanteurs coco-compatibles, des metteurs en scène militants et des journalistes engagés. Ils poussèrent même l'hégémonie jusqu'à dédaigner l'œuvre d'un Romain Gary, convaincu de gaullisme, donc réactionnaire, et à s'enthousiasmer pour celle d'Émile Ajar, un parfait inconnu tellement talentueux qu'il ne pouvait pas ne pas être un peu communiste. Jusqu'au jour où ils découvrirent avec fureur qu'Ajar et Gary étaient une seule et même personne. Une telle bourde aurait dû leur apporter un certain discrédit, mais l'hégémonie était tellement forte qu'il n'en fut rien. De même lorsqu'ils ont repéré Houellebecq. En le lisant un peu vite, ils ont été convaincus qu'un nouveau grand écrivain communiste était né. (Avant-guerre, déjà, sous la houlette d'Aragon, ils étaient tombés dans le panneau avec Céline.)

Une fois de plus, ils n'ont pas eu à souffrir. Le ridicule ne peut pas tuer l'hégémonie, précisément parce qu'elle est, par essence, ridicule. Ils se sont contentés de quelques tardifs rectificatifs de jugement qui valaient divorce. Et de soupirer, tel un Swann déguisé en journaliste des *Inrockuptibles* : « Et dire que j'ai aimé un écrivain qui n'est pas mon genre... » Le seul qu'ils se sont appropriés et dont ils n'ont jamais pu, ni voulu, divorcer, malgré l'évidence du conflit éthique, bizarrement, c'est justement Céline. Sans doute parce qu'ils pensent que, lorsque l'écrivain réactionnaire atteint le comble de l'ignominie populiste, il devient un cancer pour son propre camp, et donc un allié objectif. Cela explique la vogue spectaculaire que connut Jean Genet chez les intellectuels, les critiques et les artistes communistes. À travers ces exemples se dessine une faille dans la stratégie de l'hégémonie culturelle.

Plus le temps a passé, plus le corpus idéologique d'origine s'est éloigné, et plus de nouveaux critères ont été requis pour intégrer la vraie gauche et bénéficier de l'hégémonie. L'intelligence en cage finit par pondre de la bêtise. Et c'est ainsi, par exemple, que la façon dont on se situait dans le conflit israélo-palestinien devint le critère majeur pour être ou ne pas être de gauche. L'adhésion à la cause palestinienne, moyennant une condamnation systématique de l'État d'Israël, devint la clef de voûte de l'hégémonie culturelle, son marqueur et son récit rassembleur. On en vint même à déprogrammer les films israéliens dans des festivals de cinéma d'art et d'essai !

Et plus l'auguste communiste a sombré dans le ridicule, et plus il a relevé la tête pour crier de plus en plus fort qu'il avait de moins en moins de choses à dire.

Par souci de concision, je ne puis évoquer ici les innombrables événements tragi-comiques qui font tout le sel du sketch. Chute du mur de Berlin, attentats du 11 septembre, l'histoire se précipite, et plus elle accule l'auguste à recourir à des grimaces toujours plus grotesques, plus le sourcil noir dessiné sur le front du clown blanc se dresse en signe d'étonnement, de réprobation, voire de colère.

Mais si le combat pour l'hégémonie se durcit – au point de mettre mal à l'aise un nombre grandissant de potentiels compagnons de route –, c'est avec des arguments toujours plus inaudibles et chaotiques, attrapés dans un air du temps indigéniste, intersectionnel, écolo-naturaliste, auto-victimaire et… cancel-culturiste. Ce que Gramsci n'avait peut-être pas prévu, c'est que l'hégémonie de la culture conduirait à l'effacement de la culture au profit de la propagande et que – plus grave encore – ça se verrait autant !

Il faut être aveuglé par la vanité d'avoir raison, et avoir le portefeuille d'actions idéologiques plein à craquer de Beau et de Bien, pour ne pas s'apercevoir du soudain appauvrissement du produit culturel proposé : le pitoyable roman des petits malheurs et des gros bobos intimes infligés aux victimes de la société par une domination culturelle blanche et hétérosexuelle à laquelle, par ailleurs, plus personne n'adhère, à part les quelques gardiens du musée d'une extrême droite hors d'âge. Même Marine Le Pen n'ose plus s'en revendiquer ouvertement, de peur de perdre les trois quarts de ses électeurs… Comment Pierre Bourdieu, gramscien convaincu, et indiscutable lettré, n'a-t-il pas vu venir ce mur de médiocrité ? Mieux, il a continué jusqu'à la fin, et contre toute évidence, à dénoncer l'hégémonie d'une « culture bourgeoise », laquelle, soit dit en passant, faisait son régal personnel, mais intoxiquait les opprimés dans le but de les faire consentir à l'oppression.

Le sketch de l'hégémonie culturelle de la gauche s'est réduit aux bredouillements gâteux d'un auguste répétant obsessionnellement et sur tous les tons que « la société, elle est pourrie ». En toute logique, devant une telle chute d'inspiration de son partenaire, le clown blanc a repris du poil de la bête.

Quand on lit dans les journaux ce qui se passe dans l'Italie de Meloni – changement de direction des théâtres au profit de « vrais Italiens patriotes », investissement massif dans les maisons d'édition et dans la presse –, on découvre que les intellectuels d'extrême droite ont un nouveau maître à penser, un guide en matière de stratégie politique auquel ils se réfèrent ouvertement : Antonio Gramsci. L'extrême droite découvre avec délice la thèse gramscienne selon laquelle le premier pouvoir à prendre, c'est le pouvoir culturel. Et elle est tout à fait décidée à appliquer à la lettre la stratégie qui en découle. Gramsci doit se retourner dans sa tombe, mais il a dû le faire tellement de fois depuis sa mort en 1937 qu'il est impossible de décider si cette dernière rotation l'a remis à l'envers ou à l'endroit. Gramsci était sans nul doute un homme intelligent et généreux, dont la subtilité a dû maintes fois être offensée par la grossièreté de son interprétation par les augustes et les clowns blancs. En vérité, je n'ai jamais lu Gramsci, ni aucun théoricien communiste. J'ai essayé quelques fois, en vain. C'est précisément leur rapport à la culture comme instrument de pouvoir qui me submerge d'ennui, et je ne doute pas une seconde que le passage de Gramsci de livre de chevet de l'auguste à livre de chevet du clown blanc ne changera rien à la médiocrité culturelle qui s'ensuivra. Ce sketch interminable qui se joue sur trois générations est celui de notre calamité occidentale. Pourtant, grâce à la liberté de Shakespeare, de Rabelais, de Montaigne, de Mozart, de Nietzsche et de beaucoup d'autres, on semblait enfin convaincus de la nécessité de l'autonomie de la culture, une culture émancipée du pouvoir politique quel qu'il soit, et de la morale dont il émane forcément. Au pays de Balzac, de Rimbaud, de Proust, d'Apollinaire, la création n'a de comptes à rendre qu'à elle-même. Et patatras, le XXe siècle communiste et fasciste a remis les pattes sur l'art, et, depuis un siècle, les augustes et les clowns blancs s'en disputent le contrôle et l'exclusivité.

L'échec le plus cuisant du genre « sketch », lequel est censé exprimer des ridicules et des absurdités, est d'être lui-même ridicule et absurde. Son ressort ne fonctionne que tendu par une intelligence facétieuse. Or, le sketch de l'hégémonie est pathétique. Il faut dire que l'argument de départ, qui postule que c'est l'adhésion à une idée qui sépare la bonne humanité de la mauvaise, est tout simplement aberrante.

Alors, finalement, dans ce sketch, qui est l'auguste et qui est le clown blanc ? Ils sont aussi *involontairement* grotesques l'un que l'autre, car le seraient-ils volontairement qu'il y aurait matière à rire pour de bon. C'est difficile à trancher. Mais gardons la première hypothèse. Ne serait-ce que d'un point de vue vestimentaire, l'auguste est de gauche et le clown blanc de droite. Voilà. Comme ça, c'est bien rangé. Il ne reste plus qu'à les oublier sur l'étagère et laisser la poussière faire son office. Poussière, divine poussière, hâte-toi !

10

La naissance de la comédie

L'évidence n'intéresse pas l'être humain. Il préfère imaginer des causes cachées, des apparences trompeuses. Plutôt que de se rendre à l'évidence que seules existent les apparences, il invente des volontés mystérieuses derrière des événements sans mystère. Il croit pouvoir abolir le hasard en lui prêtant un but. Cela nécessite une grande énergie inquiète, capable de survivre aux plus humiliants démentis, et le plus grand sérieux pour se convaincre et convaincre les autres. La négation de la réalité demande aussi une gravité à la hauteur de l'aberration qu'elle exprime. Être plus étonnant et plus malin que la réalité, voilà l'ambition du négateur du réel. Toute sa vie consiste à détourner le regard de l'éclatante et stupéfiante évidence des choses. Il passe à côté de la vie, la tête enfermée dans un capuchon monastique en marmonnant : « Non, ce n'est pas si simple… Il y a quelque chose derrière tout ça. » Pour qu'il se rende à l'évidence, il faut qu'un artiste la mette en lumière sous sa forme comique. Le comique repose toujours sur le dévoilement brutal d'une évidence si soudainement indéniable que le nieur n'a pas le temps de la mettre en doute. Il chute dans l'évidence, et, comme à la fête foraine, la chute l'amuse. Les bonnes chutes de comédie sont toutes des chutes dans l'évidence. Non sans une très secrète épouvante, il est secoué d'un rire irrésistible quand il sent, le temps d'un instant, la caméra déformante de son imagination se détraquer au point de lui faire voir les choses telles qu'elles sont. La comédie a été inventée pour que l'être humain prête un minimum d'attention à la réalité.

11

Charles Trenet

À la mémoire de Cabu

Il y a des genres culturels – théâtre, musique, peinture, etc. – qui non seulement en disent long sur leur époque, mais ont profondément contribué à sa tonalité, dont, *accessoirement*, ils témoignent. Ils sont à la fois acteurs et révélateurs de la manière dont les individus se parlent, s'aiment, se découvrent, travaillent, agissent, conçoivent la vie, le bonheur et la mort. Ils reflètent en partie, et ils influent beaucoup. Ils inventent le tempo sur lequel s'exprime l'énergie du moment. Aussi éloigné que possible du pessimisme vaniteux que de l'optimisme ridicule, il existe une sorte de point zénithal fragile où l'artiste survole avec grâce les enfers et les paradis auxquels aspirent ses contemporains. De cette hauteur et de cette solitude – qui est le prix de sa liberté –, tel un dieu, il jette des habits de lumière à la grise humanité. S'il vit souvent dans l'inquiétude, c'est qu'il lui arrive de n'être pas lui-même à la hauteur de sa hauteur, ce qui n'a d'ailleurs aucune importance. Tout cela n'a rien à voir avec la morale, la justice ou le bon sens commun, et tout à voir avec la manière dont les nuages se forment, apparaissent et disparaissent.

On peut raconter quelque chose de l'histoire des humeurs de la France en parcourant l'œuvre de Charles Trenet. On y perçoit des timbres de voix, des blagues, des mouvements de robes – de femmes – qui dansent, des manières – des hommes – de bomber le torse, des jeux d'enfants, des murmures d'amoureux, des criailleries familiales, des odeurs de parfums fleuris, des clapotis qui rafraîchissent des mollets, bref, toute la partition selon laquelle une époque acquiesce à la vie. Non que tout le monde fût pénétré de la joie de vivre qu'exalte ses chansons, mais lorsque la joie de vivre s'exprimait, c'était sur le mode des chansons de Charles Trenet.

Sa vie a commencé avec la Première Guerre mondiale, sa longue carrière a été traversée par les événements dramatiques de la Seconde, et elle s'est achevée sur la scène de la salle Pleyel. C'était alors un étrange vieillard de quatre-vingt-six ans aux cheveux teints en blond jaune paille, à l'impeccable costume bleu marine orné d'un œillet rouge à la boutonnière. La veille de ses trois derniers récitals, un cycliste l'avait fait tomber alors qu'il faisait le tour du bois de Vincennes au pas de gymnastique. Il souffrait le martyre et ne pouvait plus marcher. Cabu et moi, fidèles à tous les rendez-vous de Charles Trenet, étions au premier rang, le cœur un peu serré à l'idée que c'était sans doute la dernière fois que nous le verrions.

Enfin, il arrive, soutenu sous les aisselles par deux solides gaillards qui le posent sur un tabouret de bar devant le micro. Sitôt installé, son visage tiré par la souffrance s'illumine de son fameux sourire, yeux écarquillés, dents éclatantes, sous un interminable tonnerre d'applaudissements. Il attend tranquillement que le silence s'installe, et il chante « Revoir Paris » d'une voix ténue, douce, discrète, économe... Mais le timbre est là, précis, maîtrisé, lorsqu'il arrive au dernier couplet :

> Bonjour la vie
> Bonjour mon vieux soleil
> Bonjour ma mie
> Bonjour l'automne vermeil
> Je suis un enfant
> Rien qu'un enfant, tu sais
> Je suis un petit Français
> Rien qu'un enfant
> Tout simplement.

L'ovation qui suit le dernier accord de piano est une vague énorme de larmes et de sourires qui ne cessera de rouler jusqu'à la fin du récital. Alors Charles, avec précaution, descend du tabouret, l'écarte, et, debout devant le micro, dit, sur le ton de la confidence amoureuse : « Ce soir, vous êtes tellement gentils que je crois que je ne vais pas avoir mal. » Je me demande si, dans la salle, un seul sociopathe n'avait pas la larme à l'œil. Et il a enchaîné une heure et demie d'un spectacle éblouissant, esquissant des pas de danses, swinguant, alternant sans coup férir les moments comiques et mélancoliques, dosés pour que les uns embellissent les autres, comme il faudrait que cela fût dans la vie réelle.

Ultime artifice : ce dernier spectacle, peu de semaines avant sa disparition, a donné l'impression qu'en quittant la scène après les derniers rappels du public ébloui, il s'était *envolé* dans la mort. Dans le spectacle, comme dans la vie, le miracle du bon timing relève toujours de l'heureuse conjonction d'un long travail et du hasard...

À Pierre Bouteiller qui lui demandait dans une interview quelle serait pour lui la question la plus embarrassante, il a répondu : « Qui êtes-vous, Charles Trenet ? Je serais bien embarrassé d'y répondre... »

Charles Trenet avait tout pour être malheureux – une enfance de mère absente et de pensionnat, une sensibilité qui le rendait vulnérable, une homosexualité taboue à cette époque... – et tout pour être heureux – une énergie indomptable, un génie de poète et de mélodiste, une reconnaissance planétaire. Ses chansons ont fait le tour du monde. Les Japonais chantaient « Boum », les Américains « Que reste-t-il de nos amours ? », dans tous les bals de l'hémisphère Sud on dansait sur « Biguine à Bongo », et on a chanté « La Mer » dans toutes les langues. Tout cela est parti d'un enfant triste, né dans une maison bourgeoise de Narbonne, qui a décidé de ne pas montrer sa tristesse pour ne pas mourir de chagrin. Alors il est devenu une diva capricieuse et âpre au gain, au caractère ombrageux, un grand bourgeois lunatique qui collectionnait les voitures de luxe et les propriétés dont il dessinait les plans biscornus, avec des jardins où il plantait des fleurs artificielles pour encourager les fleurs naturelles à rivaliser avec elles. Il était distant et secret avec les individus, mais il faisait l'amour avec le public. Il pouvait glacer quiconque avec un mot souvent très drôle, mais faisait rire de bonheur les foules. Le petit Charles n'aurait pas été viable s'il n'avait trouvé un jeu auquel il a joué toute sa vie : il a inventé une marionnette géniale qui s'appelait Charles Trenet, et qu'il manipulait comme il voulait. Charles Trenet a été la grande joie du petit Charles. C'était un chantier perpétuel qui lui a demandé travail, obstination, et une athlétique exigence de liberté. Car, pour séduire, Charles Trenet devait faire souffler un irrésistible vent de liberté. C'était sa marque de fabrique, la spécificité de sa marionnette. Au petit Charles, les lourds chagrins, à Charles Trenet, la légèreté joyeuse.

Il sera encore question plus loin, à propos d'un autre Charles, de cet apparent dédoublement de personnalité qui, en réalité, n'est qu'un travestissement. On pourrait y voir une sorte de schizophrénie, alors que c'est précisément l'inverse. Dans la schizophrénie, l'autre est un autre, tandis que dans le cas de Charles Trenet, l'autre c'est toujours lui, mais en mieux. Charles Trenet est la réplique puissante du délicat petit Charles. Charles qui pleure a été sauvé par Charles qui rit. Et cette manipulation réussie a produit une mutation de la chanson populaire, à laquelle l'époque, pourtant sombre, s'est identifiée.

Beaucoup pensent que c'était par dépit que Nietzsche, à la fin de sa vie, prétendait préférer Bizet à Wagner. C'est ne rien comprendre à sa conception profonde de la musique. Il reprochait à Wagner, avec lequel il avait rompu, de composer une musique lourde, très lourde de sens, une musique dont il a dénoncé le *programme*. Il a averti Wagner que sa musique réveillait des mythes qui, « dans cinquante ans, mettr[aie]nt l'Europe à feu et à sang ». Redoutable prophétie, qui s'est, hélas ! vérifiée. Quand on lit Nietzsche attentivement, c'est l'évidence même que la musique solaire de Bizet ne pouvait que le gonfler d'enthousiasme. Et l'on comprend sans peine pourquoi il ne pouvait plus supporter le monument wagnérien, dont il avait jadis aimé avec passion la pose des premières pierres.

Nietzsche aurait adoré le phénomène Charles Trenet, pour les mêmes raisons qu'il a adoré le phénomène Bizet.

Quand on demandait à Charles Trenet d'où lui venait sa joie de vivre, il répondait gravement : « C'est assez musculaire, c'est sportif, oui, chez moi, la joie de vivre demande un effort assez athlétique. » C'est un très bon exemple de ce que Nietzsche appelle le « surhumain ».

12

Le surhumain

Comme les morceaux de banquise se détachent et fondent dans l'océan, avec Georges Kiejman, c'est un fragment précieux de notre histoire du XXe siècle qui a disparu le 9 mai 2023. Dans les mois qui ont précédé, nous savions que la mort rôdait autour de lui. Pourtant, nous qui le connaissions et l'aimions, nous avons été pris de court. Il était tellement vivant qu'on n'imaginait pas qu'il pût mourir.

C'était un avocat historique à l'éloquence redoutable, et, parce qu'il était, avec Richard Malka, un de mes deux avocats dans le procès des caricatures, je peux témoigner qu'il valait mieux l'avoir avec soi que contre soi.

Sa force résidait dans sa très singulière humanité, ou plutôt sa surhumanité. Son éloquence n'était pas une habileté travaillée. Elle tirait son efficacité d'une sincérité sans laquelle il n'avait rien à dire. Son intelligence, sa curiosité, sa culture et son humour hors du commun faisaient le reste. Par la grâce de sa légèreté et de sa malice perpétuelle, il glissait avec élégance sur le lac mystérieux de sa mélancolie. Enfant d'émigrés juifs polonais, il a vécu une enfance misérable et traquée. Son père est mort à Auschwitz. Raflé avec sa mère, il eut la vie sauve grâce à un juge qui fit semblant de croire au mensonge de sa mère, alors que, parlant à peine le français, elle prétendait au mépris de toute vraisemblance être une Polonaise catholique. Élevé par une mère qui luttait chaque jour pour la nourriture, il a fait de brillantes études à l'école de la République. Il citait de mémoire les noms de tous les professeurs qui l'avaient encouragé. Il était un pur produit du mérite républicain. Et jamais on ne l'a entendu se plaindre de quoi que ce soit, hormis de ses soucis de santé, et encore, le plus souvent, pour en faire un bon mot. Il était ce qu'on appelait au XXe siècle un homme supérieur. Mais qu'est-ce que ce surhumain ?

C'est quelqu'un qui a compris que l'amitié, la littérature, le cinéma, l'humour, le rire, la légèreté, l'intelligence joyeuse, et l'amour de l'amour, l'amour des femmes en l'occurrence, sont les seules armes décentes pour affronter les tragédies de la vie. Au cimetière du Montparnasse, Thierry Marembert, Pierre Nora, Richard Malka, Isabelle Huppert, Inès de la Fressange, et les trois enfants de Georges, ont pris la parole devant son cercueil. Et peut-être est-ce là un des miracles de l'immortalité, mais à travers chacun d'eux, quelque chose de Georges Kiejman s'est exprimé. Et c'est ainsi que, sous la petite pluie froide, nos yeux inondés ont été régulièrement balayés par l'essuie-glace d'un fou rire. Toute l'assistance éplorée se gondolait, jusqu'à sa fille qui, riant et pleurant, racontait qu'au médecin de soins palliatifs qui demandait à Georges s'il était angoissé, il répondit : « Je suis ashkénaze… »

En ce siècle pleurnichard, il était une leçon, celle de la fatalité de la tristesse combattue sans relâche par l'élégance de la fantaisie.

Peut-être que, parfois, les survivants sont plus vivants que les vivants…

Peut-être… Mais chacun d'entre nous, à des degrés divers, est un survivant responsable du talent avec lequel il exerce le métier de vivre.

Au procès des caricatures, aux moments les plus électriques, Georges ne manquait jamais de décocher une de ses flèches hilarantes, et même la partie adverse peinait à dissimuler son fou rire. Comme lorsque l'avocat de la Ligue islamique mondiale s'est dressé, hors de lui, et, levant une main menaçante vers le ciel, s'est mis à crier : « Je vous connais, maître Kiejman, je sais qui vous êtes, maître Kiejman ! » Dans le silence qui suivit, on entendit Georges remarquer d'une voix calme : « Eh bien, vous en savez plus que moi ! » Tout Georges Kiejman était là. Quand arriva la suspension d'audience, en sortant je me suis retrouvé au coude-à-coude entre Georges et ce même avocat de la Ligue islamique, qui m'a glissé à l'oreille : « Je suis en désaccord avec tout ce que vous dites, mais j'aimerais bien faire partie de vos amis. » Aveu stupéfiant, mais explicable. Comment résister au plaisir de faire quelques joyeuses glissades sur le lac mystérieux de la mélancolie en compagnie de Georges Kiejman ? Malgré notre insistance, il n'a jamais voulu écrire ses mémoires. Sans doute ne voulait-il laisser que sa joie de vivre en héritage…

13

Le surhumain (suite)

Quelle mouche a piqué le premier traducteur de Nietzsche pour qu'il traduise *Übermensch* par « surhomme » ? *Mensch* n'est d'ailleurs ni masculin ni féminin, mais neutre. *Das Mensch*. Nietzsche, dont la récupération par les nazis est la plus scandaleuse escroquerie philosophique jamais accomplie, n'a jamais parlé d'un quelconque *superman* issu d'une race dont l'élection l'autoriserait à assassiner le reste de l'humanité. Il a fallu toute la perversité – ou la stupidité – de sa sœur, que Nietzsche qualifiait lui-même d'« oie antisémite », pour accomplir ce forfait et offrir des objets personnels de son frère à Hitler.

D'avance, j'entends bourdonner sur ma tête l'essaim de la critique savante. Je n'ai pas suivi de cours de philosophie à l'université, et je ne le regrette ni ne m'en réjouis, ça m'est indifférent. Il s'agit ici de ma fréquentation personnelle de Nietzsche et de quelques-uns de ses confrères, lesquels, précisément, posent un problème massif à la conception universitaire de la philosophie.

Les philosophes *officiels*, dont beaucoup d'ailleurs nourrissent une réflexion féconde, sont tous des métaphysiciens. Et la question reste entière : les philosophes non métaphysiciens, sont-ils des philosophes ? Ils sont généralement considérés comme des écrivains, des artistes, des bouffons géniaux égarés dans la philosophie. Qui ne conçoit pas un modèle transcendant, divin, un idéal, un sens de l'histoire, un ordre originaire qui légitime les coutumes, une finalité, une cause première qui échappe à l'examen des sens, est-il un philosophe ? Montaigne, Baltasar Gracián, Machiavel, par exemple, ou Nietzsche, sont-ils des philosophes ? On pourrait poser la question autrement. Shakespeare, La Fontaine, La Rochefoucauld, Stendhal, sont-ils des philosophes ? L'Université est moins gênée pour répondre : l'un était un auteur dramatique, l'autre un fabuliste, le troisième un moraliste, et le dernier un romancier. Le fait que le ressort de la métaphysique soit absent de leur œuvre ne gêne en rien pour les ranger dans leur catégorie. Mais Montaigne ? Nietzsche ?

La cause du trouble, du flou, de la sensation de « bougé », comme pour une photo ratée, et du malaise que ressentent les grandes écoles philosophiques face à ces deux géants de l'esprit, c'est qu'ils n'ont pas édifié un *système*, lequel, pour tenir debout, doit nécessairement avoir recours à une cause première à la fois indiscutable et invérifiable. Ils se contentent de souffler un vent dangereux sur le château de cartes des constructions philosophiques et religieuses qui visent à offrir le spectacle d'une cohérence quelconque du monde. Au nez et à la barbe de tous les maîtres à penser, si séduisants soient-ils, ils ne cessent de dire au lecteur : « Pense par toi-même. Certes, tu as peu de chances d'y parvenir, mais entête-toi. Sinon, tant pis pour toi. » Bref, ils sabotent le métier.

Malgré l'insistance de Lou Andreas-Salomé, Freud se refusait à lire Nietzsche, parce qu'il craignait qu'il n'ait tout dit avant lui. Ce n'était pas tout à fait faux. Ils parlent de la même chose. Nietzsche comme Freud, à l'origine de nos actes, de nos désirs, de nos pensées, de nos certitudes morales, de nos bassesses et de nos grandeurs, ne voient que nos *pulsions*, et nulle *métaphysique*.

Même lorsqu'il provoque, se contredit, choque, chemine dans une longue réflexion labyrinthique, Nietzsche tourne toujours autour de l'objet qui l'obsède : l'effort *surhumain* pour ne vivre que ce dont on pourrait vivre l'« éternel retour ». Ainsi, dans l'éternel retour de la tragédie, l'éternel retour de l'éblouissante gaîté du savoir. Ainsi, au-delà du bien et du mal, la surhumaine bonne humeur, le rire ni bon ni méchant, mais spontanément digne, et qui est la forme supérieure que prend la pensée que nous pensons par nous-mêmes. C'est le coup de marteau qui ouvre une brèche dans le mur de la prison au sein de laquelle nous nous berçons de l'illusion que nous sommes libres. Prison des mimétismes de langage, de l'éducation, des névroses, de l'inconscient, de la société, de la morale, de l'identité, voilà les manèges du parc d'attractions où nous croyons voyager librement en chevauchant un cheval de bois qui tourne toujours autour du même axe. C'est l'enthousiasme, la curiosité, et l'effort surhumain de l'humeur joyeuse qui sont nécessaires pour prendre le risque de descendre du manège et de respirer à l'air libre. « Vous voulez savoir ce que j'entends par "éternel retour" ? Alors arrêtez de tourner en rond ! » Nietzsche est un comique.

14

Le surhumain (fin)

Laurence m'a téléphoné vers deux heures de l'après-midi. Je n'avais pas de nouvelles d'elle depuis quelques semaines. On se voyait toujours de loin en loin. Dans notre jeunesse, nous avions été amants, mais les nuages pénibles de la lointaine rupture ont très vite été chassés par le souffle d'une amitié aussi légère que fidèle. Elle faisait des études de théâtre, et, pour gagner sa vie, elle a longtemps été administratrice de mes tournées de spectacles. Collaboratrice enjouée, critique bienveillante de chaque représentation, sa gentillesse et sa compétence, son exigence et sa malice, ont beaucoup contribué au bon comportement des membres de l'équipe. Le spectacle est un monde d'inquiétude permanente, où les caractères des uns et des autres deviennent vite pénibles, excessifs, capricieux. Laurence, sans même le savoir, imposait par sa joie de vivre une limite à nos laisser-allers narcissiques. Lorsque j'ai arrêté de faire des spectacles, elle est entrée dans une troupe talentueuse à laquelle elle a apporté une indiscutable lumière. À peine devenue mère d'une petite fille, elle apprit par les médecins qu'elle souffrait d'un terrible cancer.

Après ses nombreuses opérations et les chimiothérapies qui paralysaient ses cordes vocales, et dans l'impossibilité de monter sur scène, elle venait faire du secrétariat à *Charlie Hebdo*. Tout le monde aimait Laurence. Certains étaient secrètement amoureux d'elle, et les anciens, Cabu, Wolinksi, Cavanna, Gébé, comme les jeunes, Charb ou Riss, étaient sous le charme de sa gaîté naturelle et contagieuse. Les filles du journal, Luce, Agathe et les autres, l'entouraient de prévenance et admiraient la compétence et le plaisir évident avec lesquels elle s'acquittait de ses nombreuses tâches. Pendant des années elle a alterné, au rythme des rechutes et des rémissions, son travail au journal et ses rôles au théâtre. Au journal, elle avait la même influence qu'autrefois en tournée. Les polémiques psychodramatiques des conférences de rédaction, la fatigue, le stress houleux des bouclages, les engueulades, étaient moins méchantes, plus légères, plus décentes, quand Laurence était là. Comme si chacun avait à cœur de ne pas gâcher cette chose fragile et précieuse que répandait sa présence.

Quel défaut pourrais-je ajouter pour rendre ce portrait crédible ? Naïve ? Elle ne l'était pas. Son intelligence de la vie était taillée sur mesure pour sa personnalité, elle n'était pas en décalage avec elle-même, elle était contente de ce qu'elle était, sans ostentation. Sans doute a-t-elle fait des erreurs, sans doute eut-elle des faiblesses, vraiment, je ne saurais en dire plus, sinon qu'elle ressemblait à beaucoup d'entre nous, mais en mieux.

Vers deux heures de l'après-midi, Laurence m'a téléphoné. C'était au printemps 2016. « Je suis dans le coin, je sors de la Pitié-Salpêtrière, je suis près de chez toi, je peux passer te voir ? » Dix minutes plus tard, nous étions en train de boire un café dans la cuisine. « Je viens de voir le conseil des médecins qui me suivent depuis des années. Ils m'ont annoncé qu'ils arrêtaient tous les traitements. Ils m'ont dit que ça ne servirait plus à rien qu'à me faire souffrir… » Elle avait quarante-cinq ans, toujours aussi gracieuse, elle a tenté encore de sourire pour alléger ma consternation et conjurer sa peur, mais elle a pleuré. Je ne sais plus ce que j'ai dit. Que dire ? Comment trouver quelque chose d'utile à dire devant le mystère de ce que ressent une personne face à la mort imminente ? Pourtant, je me souviens que nous ne sommes pas restés en silence. Elle a séché ses larmes et nous avons bavardé un long moment.

Quelques semaines plus tard, elle a été admise en soins palliatifs. J'allais la voir, et elle m'a raconté qu'elle était tombée amoureuse. Qu'elle était allée en Normandie en week-end avec son nouvel amant, mais que ce n'était pas très facile, parce qu'elle devait souvent s'isoler dans les toilettes pour vomir. Elle lisait des romans et tenait un journal sur son ordinateur. Elle râlait parce qu'elle n'arrivait pas à se traîner jusqu'à la salle de sport. De temps en temps, elle avait les larmes aux yeux en disant : « C'est trop con, deux, trois petits points sur le péritoine... » Puis elle disait qu'elle pensait repartir en Normandie pour deux jours, si elle tenait le coup. Elle avait à cœur, lorsque j'allais la voir, que je passe un bon moment. Alors nous passions un bon moment. Et puis l'été est arrivé. Elle a été transportée chez ses parents, en Haute-Savoie, et, pour son anniversaire, elle a organisé une grosse fête avec ses amis. Elle a ri, chanté, dansé, petite brindille chancelante animée miraculeusement par la joie de vivre. Le lendemain, il a fallu l'emmener d'urgence à l'hôpital, et elle est morte. Surhumaine. Laurence Pollet-Villard m'a beaucoup aidé, et m'aide encore, à comprendre ce que Nietzsche entend par « éternel retour ».

15

Le brasero de Ravel

À quoi servirait l'intelligence si l'imbécillité n'existait pas ? C'est la question, ô combien pertinente, que pose Pierre Dac, le génial humoriste. On peut d'ailleurs en inverser les termes : à quoi servirait l'imbécillité si l'intelligence n'existait pas ? tant il est vrai que c'est en frottant le bois tendre de l'intelligence contre le bois dur de l'imbécillité que les premiers hommes ont fait jaillir les étincelles de l'esprit.

J'avais un charmant professeur de philosophie, un peu hystérique, doublement affecté d'un léger bégaiement et d'un cheveu sur la langue. Régulièrement, devant l'inculture des apprentis philosophes, il devenait tout rouge et explosait : « On ne peut pas préprétendre être une ppersonne cucultivée si l'on n'a pas lu Marfel Pprouft et Doftotoiefki. » J'approuve, mais aujourd'hui, j'ajouterais : et si l'on n'a pas regardé (sur YouTube) l'interprétation insensée – mais impeccable – du *Boléro* de Ravel par Pierre Dac et Francis Blanche, qui chantent sur la célèbre mélodie le programme de leur parti politique, le Parti d'en rire.

On ne rendra jamais assez grâce aux pionniers de la radio, à Radio-Cité créée par Marcel Bleustein-Blanchet, et à la révolution de la culture populaire dont sont sortis Édith Piaf, Charles Trenet, Louis Armstrong, Duke Ellington et les grands jazzmen américains qui ont rencontré la gloire en venant y jouer en direct. C'est sur Radio-Cité qu'est né l'humour radiophonique dont Pierre Dac fut le grand accoucheur. Nos humoristes d'aujourd'hui seraient bien inspirés de lire Proust et Dostoïevski et d'écouter les sketches de Pierre Dac.

L'humour de Pierre Dac relève d'une philosophie dont nous sommes très éloignés aujourd'hui. Il revendiquait le non-sens. Non pour le plaisir de dire n'importe quoi, mais précisément pour faire ressortir l'absence de sens de la réalité. À chacun d'en éprouver la surprise, l'étonnement, et de tomber des nuages de la morale et de la bienséance pour atterrir brutalement dans un éclat de rire. Contrairement à beaucoup de nos prétendus humoristes qui gorgent leurs blagues de sens, de morale, d'idéologie, de connivences et de ressentiments, l'humour de Pierre Dac tend à la légèreté, à l'apesanteur, à la frivolité et à la fantaisie, qui sont les armes de la dignité pour nos âmes qui se débattent dans un monde inexorablement tragique. L'humour de Pierre Dac ne juge pas, ne professe pas, n'endoctrine pas, il est ce coup de pied salvateur au fond de la piscine qui nous fait gagner la surface en riant à l'air libre.

C'est de l'énergie qu'il déployait pour ne pas sombrer dans le désespoir et la dépression que naissaient les facéties de Pierre Dac. Il est même allé jusqu'à tenter de se suicider...

Il avait de quoi. La Première Guerre mondiale lui a pris son frère, qu'il adorait. Juif traqué pendant la Seconde Guerre, il devient le rire et la joie de vivre de la France libre et de la Résistance au micro de Radio Londres. Il a traversé la plus grande tragédie. Emprisonné, il réussit à gagner Londres avec de faux papiers. Confronté à l'antisémitisme, il faisait cette proposition qui vaut pour toutes les thèses antiracistes : « Quand un Français est con, on dit quel sale con. Quand un Juif est con, on dit quel sale Juif. Je revendique pour les Juifs le droit d'être cons. »

Les temps ont bien changé, et l'humour doit désormais obéir aux critères de l'École des hautes études en sciences sociales, dont la devise pourrait être : « On ne rit pas avec ces choses-là. » Demander de quelles choses il s'agit, c'est déjà risquer son honneur et sa réputation. J'en veux pour preuve le débat à propos du musée du dessin de presse, imaginé par Wolinski. On s'est posé la question de savoir si l'on devait y exposer les caricatures danoises et la une de Cabu où l'on voit Mahomet, débordé par les intégristes, déclarer en pleurant : « C'est dur d'être aimé par des cons. » Ce dessin de presse est historique, il a fait l'objet d'un procès au retentissement mondial, et la justice de la République française l'a jugé utile parce qu'il se moquait des extrémistes, et non des fidèles. Poser la question de la pertinence de son accrochage, c'est déjà signer notre défaite. Extraordinaire époque, où l'opinion et les réseaux sociaux ont l'avantage sur les tribunaux pour exercer la censure. Quel est notre avenir si nous ne savons plus rire de la folie des hommes ? C'est Pierre Dac qui nous fournit la réponse : « Monsieur a son avenir devant lui, mais il l'aura dans le dos à chaque fois qu'il fera demi-tour. »

16

« To Be or Not to Be »

Vers mes dix-huit ans, du jour où j'ai habité *chez moi*, j'ai été entouré de livres dont le nombre n'a, évidemment, jamais cessé d'augmenter, malgré quelques importants largages pour décongestionner mes maisons successives. Chaque fois, je n'ai gardé que deux catégories de livres : ceux que je me promettais de lire un jour ou l'autre, notamment des auteurs français des XVIe et XVIIe siècles – et bien m'en a pris, ils sont aujourd'hui parmi mes plus précieux compagnons –, évidemment les Encyclopédistes, Diderot en tête, et tous mes chers poètes et romanciers du XIXe, aussi ceux du XXe – dont je pourrais me passer pour pas mal d'entre eux, mais qui sont utiles pour ma documentation –, à ceux-là s'ajoutaient, d'une façon générale, tous les philosophes que j'aime, et aussi ceux que je n'aime pas, et tous les romanciers et poètes de l'Orient à m'être tombés sous la main, chinois, japonais, turcs, ainsi que russes et arabes, beaucoup d'écrivains de la Mitteleuropa, d'Angleterre, des deux Amériques, différentes

Bibles, tous les philosophes de l'Antiquité grecque et romaine, et quelques Pères de l'Église. Dans ces volumes conservés, on trouve également des historiens et quelques voyageurs. Certains livres, allez savoir pourquoi, sont en double, en triple, voire en quadruple exemplaire. Il en va ainsi de Shakespeare, de Montaigne ou de Nietzsche, dont j'ignore combien je possède d'œuvres complètes. On peut le comprendre : d'une édition à l'autre, le texte diffère parfois sensiblement. Mais je pense avoir aussi, hormis les éditions de poche, trois œuvres complètes de Borges exactement semblables, sans doute par une sorte de peur irrationnelle du manque. Enfin, tout ce que je pioche un peu négligemment dans la littérature d'aujourd'hui, plus les livres des amis qu'ils m'ont dédicacés, et que je garde même quand ils sont illisibles, parce que je répugne à mettre à la benne les petits mots amicaux qui les ornent, la plupart du temps sur le faux-titre. Quant aux livres que je recevais lorsque j'étais directeur de journal ou de radio, et dont les auteurs se fendaient de dédicaces pleines d'amitié, d'estime et d'admiration, puis qui m'ont traîné dans la boue lorsqu'il était devenu inutile de me séduire pour obtenir une critique élogieuse, je les conserve également, parce qu'il ne faut jamais laisser passer une occasion de s'amuser.

Je ne relirai jamais la plupart de ces livres, ils iront à mes héritiers. D'autres sont de précieux jardins qui m'apaisent, dans lesquels je me promène au hasard de mes humeurs. Je sais qu'ils sont là, comme des médicaments aux effets précis, et qui agissent efficacement sur les diverses pathologies de mon âme fragile. Je n'ai pas recours, par exemple, à Balzac, à Apollinaire, à Montaigne ou à Spinoza pour les mêmes troubles. Ce sont mes livres les plus « musicaux ». Qu'importe ce qu'ils racontent, leur voix me berce et m'apaise comme celle d'une maman qui berce son enfant. Tout cela constitue un ensemble exagérément volumineux, plusieurs murs de bibliothèques qui me donnent l'illusion de me protéger contre les hordes barbares, le temps inexorable et la mort.

Dans ce foisonnement qui n'a d'anarchique que l'apparence, un volume jouit d'un statut particulier. Régulièrement je vérifie qu'il est toujours là, parfois je le change de place pour le rendre plus visible. Puis j'oublie où je l'ai mis et je le cherche fiévreusement. Quand je le trouve, je lui assigne un nouvel emplacement où je pense que je le retrouverai facilement. C'est un tout petit livre. Il fait une soixantaine de pages. Pas plus. J'y tiens beaucoup, car je crains qu'il ne soit épuisé et difficile à retrouver. Parfois, j'en regarde la couverture, mais je me garde de l'ouvrir. *Je ne veux pas relire ce livre*. Surtout pas. Lorsque je l'ai lu, il y a une vingtaine d'années, j'ai beaucoup ri, si bien que d'abondantes larmes sillonnaient mes joues. Puis, je suis retourné à la librairie, et j'en ai acheté plusieurs exemplaires que j'ai offerts à des gens auxquels j'ai pensé qu'il ferait le même effet. Parfois avec succès. Tant mieux pour eux.

Ils sont entrés dans le cercle des heureux initiés. Certains livres partagent l'humanité en deux : ceux qui les ont lus, et les autres.

Quant à moi, l'effet a été si profond que je n'ai jamais osé relire *Une amitié. La dernière retouche d'Ernst Lubitsch* (éditions Allia). Je me suis tellement raconté cette histoire que j'ai conscience que ma mémoire l'a reconstruite à sa façon, jusqu'à ce qu'elle devienne une lentille magique à travers laquelle se déchiffre toute l'œuvre hilarante et bouleversante d'Ernst Lubitsch. Je ne veux pas relire ce texte pour que mon souvenir ne soit pas terni par l'absence de ce que j'y ai mis, par tout ce qui ne s'y trouverait pas sous la forme évolutive que mon imagination a produite au fil des années, évolution qui n'a cessé d'en approfondir l'effet tragicomique. Je conserve néanmoins ce petit livre comme une matrice, un athanor de la grâce éternelle à laquelle ont droit ceux qui ne croient pas à la vie éternelle.

C'est la raison pour laquelle, tout en engageant mon lecteur à se procurer ce livre, je vais en raconter la substance, quitte à *spoiler* la chute, ce qui, à mon sens, n'a aucune importance.

Mais auparavant, je dois faire un aveu qui m'oblige à une longue digression. Si je n'avais pas vu à peu près tous les films de Lubitsch, y compris les premiers films muets réalisés en Allemagne après la Première Guerre mondiale, et, bien sûr tous ceux de la période hollywoodienne, jamais sans doute je n'aurais eu l'idée ni l'envie d'écrire le livre, *Rire*. Je voue un culte à Lubitsch. Je tiens qu'il est un des artistes les plus merveilleux du xxe siècle.

Mon premier film de Lubitsch a été *Cluny Brown* (titre français : *La Folle Ingénue*), avec Charles Boyer jouant un professeur qui a fui la Tchécoslovaquie à cause de l'invasion nazie, et Jennifer Jones une jeune et jolie Londonienne qui a complété son éducation bourgeoise par l'exercice de la plomberie. Elle entretient une passion pour le débouchage des tuyauteries engorgées. À la suite de péripéties au cours desquelles les protagonistes se promènent avec insouciance sur la frontière ténue qui sépare la moralité de l'immoralité, la vérité du mensonge, le chagrin et la gaîté, Jennifer Jones et Charles Boyer finissent par s'avouer qu'ils s'aiment au moment de monter dans un train. Le voyage finira à New York où ils feront fortune en écrivant des romans policiers à succès. Devant la fantaisie de ce film sans message apparent, bien que frôlant des sujets graves – le nazisme, l'engagement, la résistance –, je suis resté ébloui comme saint Paul sur le chemin de Damas. J'ai alors commencé à explorer l'univers de Lubitsch, j'ai acheté tous les DVD disponibles, et je me suis précipité aux rétrospectives que donnaient parfois les cinémas du Quartier latin.

Et c'est ainsi que j'ai retrouvé Gary Cooper, le cow-boy de mon enfance, transformé en irrésistible comédien comique dans *Sérénade à trois* et *La Huitième Femme de Barbe-Bleue*.

Un soir, au cinéma Action de la rue des Écoles, qui donnait un festival Lubitsch, je suis allé voir *The Shop around the Corner*, film à l'époque introuvable. Très vite, on comprend que toute l'action va se dérouler dans une maroquinerie dans une rue de Budapest, et on se demande ce que Lubitsch va bien pouvoir inventer pour nous rendre palpitante l'évidente idylle qui va se nouer entre un des vendeurs, James Stewart, et la fille du patron, Margaret Sullavan. Ce dimanche soir à 22 heures, la petite salle était clairsemée. À peine une vingtaine de personnes s'étaient déplacées pour voir une vieille comédie américaine en noir et blanc. Mais très vite, depuis le premier rang où j'allais toujours m'asseoir pour être *dans* l'écran, j'ai senti la ferveur et la concentration du public qui réagissait, souriait, riait aux éclats à la moindre nuance. Et il s'est produit un étrange phénomène. À la fin du film, vers minuit, lorsque nous sommes sortis, nous sommes tous restés sur le trottoir de la rue des Écoles. Nous n'avions pas envie de nous quitter. Nous avions vécu ensemble une si belle aventure… ! Alors on a parlé du film, on s'est raconté des scènes, on a ri ensemble, et, puisqu'il le fallait bien, on a fini par se séparer. Et chacun est rentré chez soi d'un pas léger et le moral au beau fixe et le sourire aux lèvres.

Tous ses grands films, *Le ciel peut attendre*, *Haute Pègre*, entre autres, n'ont nullement l'air de grands films. Ce sont des merveilles qui transgressent avec élégance toutes les règles de la bienséance. Ce sont des accumulations de petits détails insolents qui sont des hymnes à la liberté humaine. Une terrible liberté qui survole avec grâce un monde « comme il faut », sans jamais avoir l'air de vouloir y changer quelque chose. Comme les *Essais* de Montaigne sont une vaste et fascinante réponse à la question « comment vivre ? » (laquelle donne son titre au beau livre que Sarah Bakewell a consacré au philosophe), les films de Lubitsch, avec leurs scènes et leurs dialogues où la sincérité et la duplicité se prêtent main-forte, ne cessent de proposer avec raffinement la bonne réponse à la question « comment vivre ? ».

L'élégance, constante chez Lubitsch, ne serait d'aucun intérêt si elle n'était le contenant charmant des pulsions les plus profondes, les plus organiques et tyranniques, les plus assoiffées de jouissance et de joie de vivre. Le comique vient de la manière dont, à ses risques et périls, l'élégance se contorsionne, se contracte, se dilate, mais sans jamais se déchirer, malgré la pression capricieuse et violente des désirs qu'elle ne saurait réprimer durablement. À la fin, c'est le désir qui triomphe. Le surmoi a cédé, l'ordre moral ennuyeux a explosé, mais il reste le maintien, toujours impeccable, de James Stewart, de Claudette Colbert, de Carole Lombard, de Robert Stack…

Dans ses mémoires, Woody Allen, qui voue une profonde admiration à Lubitsch, fait une remarque intrigante. Il avoue que *To Be or Not to Be* – un des chefs-d'œuvre du maître – ne l'a jamais fait rire. L'histoire se passe en 1942. Un aviateur anglais accomplit une mission en Pologne occupée par les nazis. Il se mêle à une troupe de théâtre qui doit jouer *Hamlet*. Il tombe amoureux de l'actrice qui joue Ophélie. Avec l'aide de la troupe du théâtre, dont un comédien est le sosie de Hitler, il tente de déjouer l'arrestation d'un réseau de résistance. Lubitsch, en mettant la comédie au premier plan, et la tragédie de l'occupation nazie au second, prend un gros risque, et le film serait insupportable si, précisément, l'humour et la frivolité de l'intrigue n'éclairaient par contraste la cruauté et le ridicule des SS. En répondant à la question « comment rire du nazisme ? » peut-être mieux que Chaplin avec *Le Dictateur*, Lubitsch, avec *To Be or Not to Be*, répond à la question « comment vivre ? ».

Le Dictateur est sans conteste un chef-d'œuvre, mais il est lourd de sens, et au cas où l'on ne comprendrait pas, Chaplin souligne ce qu'il veut que l'on comprenne. Rien de ça chez Lubitsch, qui se contente de pousser le spectateur à se débrouiller dans une histoire sans queue ni tête, pleine de bruit, de fureur, de rigolade et d'amour. La référence à Shakespeare, dans le titre et dans l'intrigue, ne doit évidemment rien au hasard.

Je comprends la réticence de Woody Allen. Son humour à lui est très « psychologique » ; la farce, chez lui, a une cause et une conséquence ; et il est peut-être rebuté par la « gratuité » du comique de *To Be or Not to Be*. Chez Lubitsch, comme chez Shakespeare d'ailleurs, sous le raffinement, l'humour est physique, trivial, imprévisible, pulsionnel et sans morale. On peut être consterné par l'indémêlable écheveau de l'intelligence suprême, de la méchanceté stupide, et de la grâce. Enfin, j'aime le cinéma de Lubitsch, comme j'aime tous les créateurs dont l'exploration de la noirceur humaine ne se fait jamais sans quelque personnage qui, par volonté, par hasard ou par élégance, sauve l'humanité.

Mais revenons à *Une amitié. La dernière retouche d'Ernst Lubitsch*, tel que ma mémoire me le restitue aujourd'hui. Son auteur s'appelle Samson Raphaelson. Lorsque Lubitsch a émigré aux États-Unis, il cherchait un auteur dramatique talentueux pour écrire les scénarios de ses films. Samson Raphaelson a déjà écrit quelques pièces à succès, et ils décident de travailler ensemble au début des années trente. Leur collaboration sera à la fois fidèle et épisodique, et s'achèvera avec le dernier film de Lubitsch, *La Dame au manteau d'hermine,* en 1947. Raphaelson raconte qu'il habitait à la campagne, avec sa femme et ses enfants, loin de Hollywood. À intervalles irréguliers, Lubitsch lui téléphonait et lui demandait de venir le rejoindre à Los Angeles pour collaborer à un nouveau scénario. Il partait alors pour deux ou trois mois, puis rentrait chez lui, une fois le travail terminé. Le reste du temps, ils ne se parlaient qu'au Nouvel An pour les vœux et aux anniversaires de ses enfants que Lubitsch ne manquait pas de souhaiter. Passent ainsi quelques années. Un jour, l'assistante de Lubitsch l'appelle : « Monsieur Lubitsch a fait une crise cardiaque. Il est plongé dans un coma profond. Les médecins disent qu'il ne se réveillera plus. Nous pensons que vous seul êtes légitime pour rédiger sa nécrologie. » Raphaelson refuse. Il en est d'autant plus incapable, dit-il, que Lubitsch n'est pas encore mort. Le lendemain, on le rappelle, on insiste, l'état de Lubitsch s'est aggravé, mais il ne parvient pas à admettre que Lubitsch va mourir. On rappelle, on le supplie d'accepter. Il cède, mais il pose une condition : « Si jamais, par miracle, Lubitsch se réveille, jurez-moi que cette nécrologie sera détruite, que Lubitsch n'en saura jamais rien, et qu'il n'en sera plus jamais question. » On lui fait le serment que ses conditions seront respectées. Il se met alors à rédiger un texte, et, en écrivant, il prend conscience que si le cinéma perd un génie, lui perd l'homme de sa vie. Soudain, il mesure la profondeur de l'amour qui le lie à Lubitsch. Plus il écrit, plus il est déchiré par une perte que chaque phrase qui lui vient sous la plume révèle plus irréparable. Comme si chaque paragraphe levait un peu plus le rideau sur une amitié, un respect, une admiration, bref, un amour dont la pudeur dissimulait la profondeur. Et c'est dévoré par le chagrin qu'il poste le texte final.

Quelques jours plus tard, on l'appelle pour lui annoncer que Lubitsch s'est réveillé, qu'il va mieux et que les médecins pensent qu'il va se rétablir. Raphaelson naturellement se réjouit, mais demande aussitôt la destruction de la nécrologie : « Que les choses soient claires. Je n'ai jamais rien écrit. Ce texte n'existe pas. J'ai votre parole. » On lui assure que la parole a été respectée et que le texte a été détruit.

Les années passent. Comme autrefois, Lubitsch rappelle Raphaelson, et leur collaboration épisodique se poursuit. Jusqu'au jour où Lubitsch, dont la santé décline, lui demande de venir s'installer à Hollywood pour travailler à un scénario qui lui pose de nombreux problèmes. Raphaelson arrive avec femme et enfants, et ils se mettent au travail. Le scénario avance difficilement. Raphaelson n'est pas convaincu par le sujet, et Lubitsch est très fatigué. Après trois ou quatre mois d'écriture laborieuse, ils aboutissent enfin à une version qui les satisfait tous les deux. Le travail terminé, la famille Raphaelson fait ses valises, et avant de partir, madame va faire quelques emplettes en ville, pendant que monsieur finit de mettre de l'ordre dans ses affaires. Le téléphone sonne. C'est Lubitsch. « J'ai relu le scénario, et, avant que vous ne partiez, j'aimerais qu'on revoie un ou deux détails. » Raphaelson se rend chez Lubitsch, qui l'attend dans son bureau. Un peu goguenard, un peu hésitant, il lui dit combien désormais sa santé est fragile. Il lui désigne alors les quelques feuillets qui sont sur la table. Raphaelson, au comble de la confusion, s'attend au pire. Et il a raison. Lubitsch, très professionnel, comme si de rien n'était, lui dit : « J'ai lu ma nécrologie que vous avez écrite il y a quelques années. Je suis très touché par ce que vous dites de moi, vraiment. C'est très bien. Mais ça date un peu, forcément. Je vous ai demandé de venir pour qu'on fasse ensemble deux ou trois retouches. »

Ensemble, ils ont corrigé le texte, et Lubitsch est mort peu de temps après.

Pourquoi, lorsque j'essaie de raconter cette histoire à quelqu'un, ai-je un mal de chien à arriver au bout, la gorge nouée par l'émotion ?

Un texte de Borges, *Everything and Nothing*, me fait le même effet. Je ne parviens pas à le raconter jusqu'à la fin sans que l'émotion me submerge, que mes yeux s'embuent et que ma voix, littéralement, se brise… En écrivant, ce sera moins impudique, car le lecteur ne peut pas me voir. C'est l'histoire de quelqu'un qui ne sait pas qui il est. Alors, il devient comédien, et pendant qu'il joue sur scène, il sait qu'il est un roi, un valet, un traître ou un héros. Mais dès que le rideau est tombé, revient la question : « Qui suis-je ? » Il décide de devenir auteur dramatique. Et il est tous les personnages de ses pièces : il est Richard III, Iago, Lady Macbeth, Prospero, Juliette, Roméo, Hamlet, Lear, les filles de Lear, Othello, une mégère, et tant d'autres. Et puis, un jour, il décide de prendre sa retraite. Il retourne dans sa ville natale, où il s'occupe de ventes et d'achats de terrains, de problèmes de clôtures… De temps en temps, des amis de Londres viennent lui rendre visite, et pour eux, il reprend son rôle de poète. Sentant la mort venir, il s'adresse à Dieu : « Dans ce monde ou dans l'autre, je voudrais enfin savoir qui je suis... » Alors Dieu, dans un tourbillon, lui apparaît et lui dit : « Ce n'est pas possible, William Shakespeare. Je n'existe pas plus que toi. J'ai rêvé le monde comme tu as rêvé ton œuvre. »

Pourquoi *Amitié. La dernière retouche d'Ernst Lubitsch* et *Everything and Nothing* me font exactement le même effet physique, qui échappe à ma volonté et réduit ma pudeur en miettes ? Parce que, profondément, c'est la même histoire épouvantablement dramatique et irrésistiblement drôle. Quelque part, là où le pôle positif de la vie fait une étincelle avec le pôle négatif de la mort, se produit le court-circuit de la joie, du rire, du bonheur, de la plénitude. À la lumière de cette étincelle, l'espace d'un instant, à peine entrevue, déjà disparue, l'éternité radieuse...

17

Blagues légères contre morgue métaphysique

Vers la fin des années soixante-dix, une énorme campagne publicitaire a lancé Ala, une nouvelle lessive plus efficace que les autres parce qu'elle contenait des enzymes censées digérer les taches. Les affiches dans les rues, les annonces à la radio, les pub télé nous rebattaient les oreilles avec « Ala aux enzymes ».

En ce temps-là, Youssef était professeur à l'université d'Oran, et par ailleurs coquet, dragueur un peu sournois, buteur estimé dans l'équipe de foot de la fac, marié, père de deux enfants, fumeur de cigarettes américaines et buveur de whisky. Il veut que je vienne passer mes vacances chez lui pour me faire visiter l'Algérie. J'accepte, et six mois plus tard, je débarque à l'aéroport d'Oran. À sa demande, j'avais fourré dans ma valise les disques *live* de mes chansons et de mes sketches. À la douane, je me fais arrêter par deux militaires qui m'emmènent dans un bureau. Ils me font vider mes bagages et trouvent les disques, dont les pochettes étaient des dessins de Cabu. Ils me font attendre une bonne heure dans le petit bureau où un ventilateur diesel brassait un air à quarante degrés. Ils reviennent avec un électrophone, choisissent un album de *Font et Val* intitulé « Ils finiront sur l'échafaud », appellent un troisième type, plus gradé, et ils écoutent. Ils soulèvent de temps en temps le bras du tourne-disque pour aller sur une autre plage, au hasard. Les éclats de rire du public, les applaudissements, les paroles, la musique, ne provoquent chez eux aucune réaction. Mieux, plus ils entendaient le public rire et applaudir, plus ils s'assombrissaient, devenaient hostiles, et me regardaient avec méfiance. Finalement, ils rangent le disque, débranchent l'électrophone, et le verdict tombe : « Vous pouvez partir, mais on saisit les disques. » J'ai bien vu que ce n'était pas tant le contenu des morceaux – auxquels ils ne comprenaient pas grand-chose – qui les inquiétait, que les rires du public. J'ai senti chez eux une réprobation presque physique pour ces éclats de rire qui agressaient leur gravité de fonctionnaire du gouvernement islamo-communiste.

« Il y a déjà assez de rigolos chez nous. On n'a pas besoin d'en importer. » Ce qui n'avait aucun sens, puisque, précisément, à cette époque-là, la rigolade, c'est ce qui manquait le plus en Algérie – avec les tomates, le lait, la viande et le papier hygiénique.

Finalement j'arrive chez Youssef. On ne s'est pas vus depuis des mois. Il a changé. Il est sérieux. Dans les discussions, il est querelleur. Le lendemain, profitant de ce qu'il est parti louer une voiture, sa femme me confie son désarroi. Youssef est devenu religieux. Il s'est radicalisé (on n'employait pas ce mot-là à l'époque) avec d'autres profs de la fac de sciences, et ils se sont affiliés secrètement aux Frères musulmans. « Je vis un enfer, me dit-elle. Il faut absolument que je divorce. »

En attendant, on doit traverser le désert ensemble. Au bout de deux cents kilomètres (on en fera près de trois mille), il me parle de sa conversion. Pendant des heures et des jours, le jour sous un soleil à crever, la nuit assis sur des couvertures au pied d'une dune, mon athéisme et sa piété n'ont cessé de s'affronter sur tous les tons. Certes il s'échauffait, et moi je m'énervais parfois, mais les saillies les plus tranchantes n'allaient pas jusqu'à lacérer la bulle amicale que nous avions à cœur d'épargner, l'un comme l'autre.

Mais un jour où il essayait de me convaincre qu'il fallait châtier les homosexuels parce qu'ils sont dégénérés et décadents, sujet sur lequel il revenait obstinément, je lui demandai en quoi la sexualité de quelqu'un d'autre le concernait.

— Eh bien si, justement, ça me concerne.

— Tu n'es pas homosexuel ?…

— Pourquoi tu me demandes ça ? Bien sûr que non !!!

— Donc, tu n'y connais rien. En revanche, ça t'intéresse beaucoup, parce qu'en deux jours, ça fait cinq fois que tu m'en parles. Si ça te concerne tant, bien que tu n'y connaisses rien, pourquoi tu ne vas pas te faire enculer ? ou sucer une bite ? Juste histoire de savoir de quoi tu parles.

Sa femme pouffait à l'arrière de la voiture.

— Oui, Youssef. Il a raison ! Tu es contre sans savoir. Si tu essayes et que ça ne te plaît pas, tu seras contre en connaissance de cause.

— Ou bien tu seras pour et tu auras découvert quelque chose !

Sa femme et moi on riait de bon cœur à le voir se renfrogner :

— J'ai mal à la tête, j'ai plus envie de discuter.

Dans les jours qui suivirent, plus un mot sur l'homosexualité. Je ne l'avais pas convaincu, mais je me demandais si je n'avais pas éveillé chez lui l'effrayant désir de se taper un mec.

L'essaim des arguties théologiques, pour autant, ne cessait pas de bourdonner dans sa tête, et les affrontements de l'athée et du croyant se poursuivirent d'oasis en oasis. De temps en temps, l'ambiance se tendait, mais ça restait correct. Vers la fin du périple, fatigué de cette interminable et vaine controverse, pour tenter de passer à autre chose, je lui dis :

— D'accord, tu m'as convaincu. Allah est le plus grand parce qu'Allah lave plus blanc.

— Quoi ? Qu'est-ce tu me racontes ? Pourquoi tu dis qu'Allah lave plus blanc ?

— Parce qu'Allah est aux enzymes.

La blague n'était pas terrible, mais dans une bagnole qui tombait en panne tous les deux cents kilomètres et par quarante-cinq degrés à l'ombre, ça pouvait passer… Ce n'est pas passé. Youssef est devenu blême. Il a serré ses poings et ses jointures sont devenues blanches.

— Tu sais que je pourrais te tuer.

J'ai vu dans ses yeux que c'était vrai.

— Tu as de la chance d'être mon ami. Mais j'ai envie de te tuer. Tu n'as pas le droit de rire d'Allah.

Ainsi, je pouvais le contredire de façon choquante avec les arguments les plus provocateurs, ça passait tant que la conversation était sérieuse. Il pouvait tout supporter, sauf l'humour. C'était sa limite. La limite de la foi, c'est le rire.

J'ignorais alors que, comme Œdipe voulant échapper à la prophétie, j'avais vécu ce jour-là le prélude d'une fugue à quatre voix. La voix grave de la mort s'entortillant avec la voix de l'angoisse, auxquelles se superposent celle de l'amour et de l'amitié et celle du rire et de la joie. Les deux dernières voix sont celles qui justifient l'existence de la fugue. Elles fournissent l'essentiel de la richesse mélodique permettant à la mémoire d'en chanter les agréables refrains. Les fugues de Bach, dont la splendide et savante abstraction offre à nos sens limités l'euphorisante révélation de la beauté des choses, sont d'énigmatiques métaphores de nos vies. Il faut se lever de bonne heure pour reconnaître dans la quinzième ou la vingtième variation Goldberg une mesure du thème exposé dans la première sarabande, lente, tranquille, paisible. Et pourtant, dans chacun des canons, dans chacune des fugues et des sarabandes endiablées, se cache une mesure du thème primordial. C'est un jeu de l'esprit inouï, infiniment divertissant, où les répétitions de la mémoire engendrent d'éblouissantes nouveautés. Comme dans la vie. Quant à mon petit prélude, dont la voix de Youssef, la mienne, celle de sa femme, et celle du rire menacé de mort à la suite de l'humble jeu de mots sur Ala aux enzymes, son thème a couru le long de ma vie, de contrepoints en sarabandes, méconnaissable, mais toujours présent, au point que j'en avais oublié l'existence. Mais, comme dans les variations Goldberg, ce thème primordial d'une petite blague légère confrontée à la morgue métaphysique est réapparu, trente-cinq ans plus tard, le 7 janvier 2015, sous une forme monstrueuse, lorsque des musulmans ont assassiné des gens qui riaient, parce qu'ils riaient.

18

Rira bien qui rira le dernier

Dans une de ses fables, Jean-Pierre de Florian (1755-1794) met en scène deux paysans, Lucas, qui voit tout en noir, et Guillot, qui voit tout en rose. Lucas montre à Guillot un gros nuage noir : « Ce nuage est de la grêle / Qui va tout abîmer [...] / Toute la récolte nouvelle / Sera détruite en un moment. / Il ne restera rien. » Guillot répond que ce n'est qu'un nuage qui apportera une bonne pluie, laquelle au contraire, rendra la récolte abondante. « Chacun a ses yeux », dit Guillot. « Rira bien qui rira le dernier », dit Lucas. Finalement, le vent emporte les nuages, et il n'y a ni grêle ni pluie. Florian ne le dit pas, mais j'imagine que Lucas est secrètement déçu, tant certains hommes préfèrent voir se réaliser la catastrophe qu'ils annoncent plutôt que d'être contredits par la réalité. Quant à Guillot, s'il n'a pas eu la pluie espérée, il a dû bien rigoler, parce que l'absence de grêle a rendu la sinistre prophétie de Lucas ridicule. Une fois de plus, la nature contre laquelle tous deux ne pouvaient rien s'est montrée imprévisible et farceuse.

Cette petite fable, sans rivaliser avec celles de La Fontaine, contient pourtant une morale assez géniale pour traverser les siècles et parvenir jusqu'à nous : « Rira bien qui rira le dernier. » Si les mathématiques, la psychologie et la logique réduisent la marge d'erreur de nos prévisions, il n'en reste pas moins que toute prophétie est un pari risqué. Quant aux oracles qui prétendent comprendre quelque chose aux milliards de causes dont l'effet sera un événement futur, ils relèvent, au mieux, de procédés d'auteurs dramatiques pour installer une tension, au pire, de charlataneries. Pourtant, j'ai tendance à prendre pour argent comptant l'oracle du fabuliste : Rira bien qui rira le dernier.

Chez les lettrés juifs, comme dans la culture populaire juive, circulent d'innombrables blagues plus drôles les unes que les autres. Michel Jonasz, outre ses qualités de chanteur et de comédien, est une encyclopédie du genre. Les dîners avec Michel peuvent se terminer très tard, avec des courbatures aux abdominaux à force de fous rires. Terribles histoires dont la plupart sont des fables philosophiques, sur fond de pogroms, de shtetls menacés, d'antisémitisme stupide, où l'on croise les tailleurs, les mères juives, les psychanalystes, et qui font surgir du passé toute la malice et la richesse intellectuelle de l'Europe centrale, berceau négligé de notre Europe moderne. Des plus anodines aux plus dramatiques, toutes finissent dans un éclat de rire qui fait écho aux livres de Kundera, de Kafka, de Freud, de Sándor Márai, de Robert Musil, et de tant d'autres – et aussi de Tchekhov, le plus « mitteleuropéen » des auteurs russes.

— Allo maman ?
— Oui...
— Comment ça va ?
— Très bien !
— Oh, pardon, je me suis trompé de numéro.

Dans cette *barzelletta*, comme disent les Italiens, il y a le ressort principal de l'humour juif d'Europe centrale, lequel consiste à se moquer de son propre pessimisme.

Sarah se plaint à Rebecca que son mari ne la baise plus. Rebecca l'engueule :

— Non, mais tu t'es vue ? T'es fringuée n'importe comment, tu grossis, t'es mal coiffée...

— Qu'est-ce que je dois faire pour le séduire ?

— Je ne sais pas moi, achète des dessous provocants, des dentelles sexy...

Alors Sarah s'achète un string noir transparent, des bas résille noirs, un soutien-gorge noir en dentelles, bien ajouré pour laisser voir la blancheur de la poitrine. Ainsi équipée, le cœur battant, sitôt qu'elle entend son mari monter l'escalier, elle se poste derrière l'entrée. Il ouvre la porte, regarde Sarah, et pris de panique s'écrie : « Maman est morte ? »

Ce courant puissant de la blague et de l'autodérision qui parcourt toute l'histoire judéo-européenne, on aurait pu croire qu'il allait disparaître dans le gouffre d'Auschwitz. Il n'en a rien été. Les blagues sur les camps, au mépris de toute convenance, ont continué à nourrir l'humour juif, témoignage d'une surhumanité qui s'obstine à produire des étincelles dans la nuit la plus immonde. Elles sont des fenêtres par lesquelles s'engouffre le désordre de la vie pour déranger l'ordre de la mort.

Dans *Le Marchand de Venise*, c'est avec une infinie malice que le Juif Shylock ridiculise les arguments des antisémites : « Si l'on nous chatouille, est-ce que nous ne rions pas ? » et tout le monologue qui s'ensuit… Et à la fin, rit bien qui rit le dernier, sa fille Jessica épouse le beau et noble Lorenzo. Dans un monologue final d'une étonnante splendeur, alors que les musiciens exécutent une musique ineffable, Lorenzo prévient Jessica : « Méfie-toi toujours des hommes qui n'aiment pas la musique ». Il s'agit ici d'une quasi-conversion de Lorenzo à l'esprit juif : « Méfie-toi de ceux qui ne savent pas rendre grâce à la grâce de vivre dont témoigne cette musique ». Certains ont vu dans *Le Marchand de Venise* une pièce antisémite… Les pauvres… ils n'ont rien compris. Ou bien n'ont rien voulu comprendre, ce qui est encore plus louche.

Il y a de nombreuses causes à l'antisémitisme, dont la plupart sont liées à la naissance du christianisme. Puis, le christianisme perdant peu à peu sa puissance métaphysique, le XIXe siècle a sécularisé l'antisémitisme. Mais il y a une cause constante qui alimente la fureur des antisémites, c'est une certaine façon de voir les choses sous un jour malicieux. Certes, les religieux orthodoxes juifs n'échappent pas à la malédiction des bigots qui se définissent d'abord par leur condamnation du rire et de la frivolité. Mais les Juifs qui se sont intégrés, de gré ou de force – les marranes, par exemple, dans l'Espagne d'Isabelle –, ont cultivé un langage codé et humoristique qui, en se propageant à travers l'Europe, a nourri Shakespeare, Montaigne, Cervantès, Molière, etc. Langage dont l'habilité polysémique ne cesse de répondre à la question : « Comment penser librement sans finir sur le bûcher ? »

On comprend pourquoi les nationalistes du début du siècle, puis les fascistes, les nazis, et, plus sournoisement, les communistes, ont détesté les Juifs. À leurs yeux, ils incarnaient la menace la plus dangereuse pour le sérieux de leurs idéologies. Que des Juifs aient adhéré à des mouvements totalitaires ne change rien à l'affaire d'une part, et d'autre part, le génie juif, dont la contribution à l'esprit européen est décisive, n'est heureusement pas le monopole des Juifs. Mais « le » Juif, qu'il l'ait voulu ou non, a incarné la revanche ironique du réel sur le fantasme de l'idéal. On comprend pourquoi Hitler et les nazis ont voulu supprimer tous les Juifs de la surface de la terre. Ils les soupçonnaient de posséder et de répandre l'antidote à leur poison : un certain rire. Ce qu'ils appelaient la décadence, au bout du bout de tous les discours de haine, c'était la faculté de rire avec le sacré : Dieu, la procréation, la race, la mort, le Führer, le tsar, etc.

Et l'on comprend pourquoi, après la guerre, quand furent révélés au monde la réalité du projet nazi, les camps, l'extermination systématique des Juifs, l'antisémitisme n'est devenu *que* tabou, ce qui ne signifie pas qu'il ait disparu.

Or, il y a un antisémitisme d'avant Auschwitz, et un antisémitisme d'après, qui est encore plus ignoble et coupable, parce qu'il sait qu'Auschwitz a eu lieu.

Si tant est qu'il ait eu des explications avant – coutume, contexte culturel, tradition religieuse et familiale, etc. –, l'antisémitisme d'après-guerre n'en a plus aucune.

Si, dans une extrême droite longtemps marginale, il a survécu, c'est à gauche qu'il a sournoisement prospéré, sous couvert d'abord de lutte anticolonialiste, puis de luttes sociales au nom des émigrés, ressortissants de pays musulmans hostiles à l'État d'Israël. Phénomène renforcé par le penchant pour les pays musulmans de certains de nos intellectuels homosexuels, comme Gide ou Genet, pour ne citer que ceux qui ne s'en sont pas cachés.

Les attentats de Munich, en 1972, ont mis au jour l'antisémitisme de nombreux intellectuels français, avec la bénédiction de Jean-Paul Sartre qui dut s'en excuser en faisant un voyage en Israël à la demande de Claude Lanzmann. Le jeune Edwy Plenel, après le massacre des athlètes israéliens par les terroristes de Septembre Noir, écrivait alors dans *Rouge*, sous le pseudonyme de Joseph Krasny : « Aucun révolutionnaire ne peut se désolidariser de Septembre Noir. Nous devons défendre inconditionnellement, face à la répression, les militants de cette organisation. »

Il ne changera jamais... Une quarantaine d'années plus tard, au lendemain des attentats de *Charlie*, le fondateur de Médiapart animait une conférence aux côtés de Tariq Ramadan.

Qu'ont-ils en commun, tous ces intellectuels qui, au fil des années, se sont radicalisés autour de causes dont il ne s'agit pas ici de juger le bien-fondé ?

Un soir, j'ai posé la question autrement à Marceline Loridan, rescapée d'Auschwitz : « Pourquoi ont-ils tant menti ? » Elle les avait tous fréquentés à Saint-Germain-des-Prés après la guerre. Elle avait fait partie de la bande... Elle s'était reconstruite avec eux, en quelque sorte, quitte à avaler quelques couleuvres, quitte à consentir à jouer le jeu des « compagnons de route », et à tourner le regard quand leur connerie réveillait les blessures de sa mémoire de déportée. Bref, il fallait bien vivre. Mais, devenue veuve et maîtresse de ses pensées, elle s'était redressée, et, non sans amertume, elle avait ouvert la porte à sa solidarité radicale avec le monde juif dont elle venait. Son amitié et sa complicité sans faille avec Simone Veil avaient entretenu cette braise longtemps sous la cendre.

« Pourquoi ont-ils tant menti, tes anciens amis ? » lui ai-je demandé. Pourquoi ont-ils tant menti, ces sauveurs d'opprimés, ces libérateurs de colonisés, ces porteurs de valises de terroristes, ces complices des crimes de Staline, de Mao, de Brejnev, d'Enver Hodja, de Castro, de Guevara, puis du Hamas, du Hezbollah, et de tout ce qui s'ensuit encore aujourd'hui ? Certains, naïfs, ignorants, sans doute de bonne foi, ont cru adhérer à une juste cause. Mais les autres, les grands auteurs, les philosophes, les sociologues, les cinéastes, les artistes, qui n'avaient pas l'excuse de l'ignorance ? Pourquoi ont-ils tant menti ?

Marceline a gardé le silence un moment pendant lequel sans doute, elle a vu défiler des amis, des amants, des copines… « Je vais te dire pourquoi, a-t-elle dit en se resservant un petit verre de vodka. Parce qu'ils n'aimaient pas les Juifs. »

À la fin de sa vie, Marceline était vraiment drôle. Dans les dîners entre amis, elle ignorait toute censure, elle était scandaleuse par nature. Sans doute avait-elle déjà été drôle auparavant. Mais, une fois libérée de ses « compagnons de route », elle l'était devenue profondément. Sa dernière mue a laissé s'envoler une âme chamarrée incompatible avec les strictes couleurs des drapeaux de sa jeunesse.

Alors qu'ont-ils en commun, tous ces intellectuels qui ont défendu, avec une gravité autoritaire, toutes les bonnes causes, en excluant tous ceux qui ne les défendaient pas selon leurs décrets ?

L'humour demande un certain travail sur soi, un exercice, une discipline rigoureuse. Ils étaient intelligents, certes, brillants parfois, mais ils ont cru que l'évidence de la cause les dispensait d'être drôles. Parfois, ils ont été pamphlétaires, grinçants et ironiques, mais vraiment drôles, jamais. Les belles idées, quand elles deviennent sacrées au point qu'on ne puisse plus en rire, virent à l'insupportable. Avoir raison ne suffit pas. Avoir raison lourdement, c'est avoir tort. La plus belle idée du monde périra toujours à cause de la morgue de celui qui la défend. L'humeur est tout. Si l'idée est bonne, l'humeur est joueuse, elle prend le risque de se moquer d'elle, elle danse avec sa contradiction, elle ne peut pas vivre sans elle.

Drapés dans des causes qu'ils ont défendues au mépris de toute compassion humaine, ils se sont condamnés au sérieux, à la gravité, au rejet outré de la moindre taquinerie. Le sourd puritanisme idéologique qui hantait nos intellectuels prétendument libertaires a gagné. Aujourd'hui, il ne reste plus que ça. Un puritanisme pleurnichard qui a éteint les flammes joyeuses des combats antiracistes, féministes, homosexuels…

Nos sociologues, nos intellectuels, nos journalistes, nos députés militants, ont en commun de ne pas être drôles, c'est-à-dire de ne pas nous vouloir du bien. Ils pourraient convaincre en amusant, mais ils préfèrent exclure en terrorisant. Sitôt qu'ils se saisissent d'une idée que l'on aimait, ils la rendent écœurante. Ce sont de grandes gueules qui rapetissent les mots. Et Marceline avait raison. Au fond, viscéralement, ils n'aiment pas les Juifs.

Tous ces professionnels de l'amour de l'humanité souffrante ne sont pas amoureux de l'humanité, mais de sa souffrance sans laquelle ils n'existeraient pas. Plus leur cause est grande, plus ils sont petits, et plus ils sont petits, plus ils sont méchants. Et, là-dessus, Rabelais porte un diagnostic impitoyable : les petits sont méchants « parce qu'ils ont le cœur près de la merde ».

19

« Je est un autre »... qui est la version héroïque du je

Comédien est étrange métier. Plus le temps passe, plus je suis convaincu, pour paraphraser Cesare Pavese, que c'est le « métier de vivre ». Si l'on va prendre une leçon chez Louis Jouvet – le comédien le plus radicalement comédien de son époque –, soit en lisant les notes de ses cours, soit en visionnant *Entrée des artistes* de Marc Allégret – dans lequel Jouvet joue son propre rôle de professeur du Conservatoire –, on est stupéfait à la fois par la difficulté du travail qu'il demande à ses élèves et par la malice avec laquelle il arrive à ses fins. Et comment il tempère son autorité brûlante d'un humour froid, afin que sa remontrance n'engendre pas l'humiliation...

Il demande au corps de l'acteur, c'est-à-dire au « je », de mettre toutes ses ressources au service d'un « autre », lequel, pour le coup, est vraiment un autre. Que l'autre soit brillant ou médiocre, le comédien doit l'être parfaitement, puisque, contrairement au « je » inconnaissable et fluctuant, l'autre est parfait : il est sorti de l'imagination d'un auteur qui l'a conçu pour penser et agir exactement comme il le voulait. L'apprentissage du comédien consiste donc à contrôler son corps imprévisible afin de s'incarner dans un corps prévisible, puisque, contrairement aux hasards de la vie ordinaire, tout est écrit. C'est pourquoi, dans tout grand art de comédien, il y a une part plus ou moins visible de parodie, de caricature, qui est une sorte de recréation, par l'acteur, de l'autorité de l'auteur. Quelle que soit la monstruosité de Richard III, ou la crédulité tragique du roi Lear, il y fort à parier que Shakespeare s'est beaucoup amusé en dotant ses personnages de leurs tares, de leurs défauts physiques, de leur humour ou de leur folie. L'art dramatique du comédien ne doit jamais faire oublier cet amusement et cette jubilation, contemporains de la création du personnage. Rares sont les comédiens qui y parviennent à tous les coups, mais ceux-là, même dans une pièce ratée ou sans intérêt, sont toujours passionnants à regarder jouer. Et bien rares sont les metteurs en scène qui n'omettent pas cet aspect décisif du personnage : il est né de la *fantaisie* d'un auteur, fût-il l'auteur de *Phèdre*. Comment ignorer qu'il y a, dans le personnage de Phèdre, une dimension caricaturale secrètement amusante, qui, si elle n'est pas perceptible, enlève à la pièce tout son caractère bouleversant. Pas d'émotion sans la possibilité d'un rire, rire caché, rire sous-jacent, rire jubilatoire. Car oui, avouons-le une bonne fois pour toutes, si nous ne *jouissons* pas des malheurs de Phèdre, le spectacle est raté. On est là pour jouir de tout, y compris des choses dont il est inavouable de rire. C'est le théâtre même. Ce que l'on pourrait prendre pour un art du dédoublement dans le métier de comédien n'en est pas un, sauf dans le cas de comédiens – il y en a – souffrant d'une pathologie psychique.

Cette incarnation de « l'autre » par le « je » est en réalité un aveu de l'acteur. Un aveu que le « je », qui a plutôt choisi, dans la vie, d'être une bonne personne, a en lui toutes les potentialités pour être cet « autre » ignoble ou sublime. Au quotidien, l'artiste révèle avec prudence l'aspect de sa personnalité qu'il choisit de montrer aux autres. Au travail, il doit tout déballer. C'est pourquoi un grand comédien doit être pourvu d'une bonne dose prophylactique d'humour et d'autodérision, quel que soit le sérieux du rôle qu'il incarne. Car c'est là, exactement là, que se niche le rire, l'humour, l'espace de liberté humaine : dans le chemin qu'il faut parcourir pour aller du « je » à « l'autre », qui est le même que le « je », mais en plus intéressant.

Le « je » civil, le plus souvent, se soumet aux hasards de la vie. L'« autre », au contraire, s'il ne peut vaincre le hasard, met toute son énergie pour en jouer et faire triompher sa volonté.

C'est pourquoi, dans le domaine politique ou artistique, comme dans les recoins les plus humbles de la société, les personnalités les plus marquantes, les plus admirables et fascinantes, sont généralement de grands comédiens. Construire son personnage, c'est vivre. C'est le métier de vivre. Le métier de rire.

20

Brassens, de Gaulle, Salvador Dalí, Gainsbourg et les autres

J'ai rencontré Coluche dans les années 1970, à l'aube de sa formidable célébrité. C'était un personnage autoritaire, dépressif, ambitieux, narcissique, et admirablement dévoué au public. Dans la vie, il pouvait aussi être gentil, drôle et sympathique, mais, comme tout monde, par intermittence. Le Coluche qu'on admirait était un personnage dont il avait longuement travaillé la voix, sculpté la silhouette, inventé la gestuelle. Michel Colucci était le patron intraitable de Coluche, lequel était vêtu d'une salopette rayée moulant un corps rondouillard sous une tête dont le nez, passé au vermillon, supportait une paire de lunettes rondes. Coluche devait être drôle sans interruption, et ça demandait à Michel Colucci un travail de forçat qui n'allait pas sans d'épuisantes angoisses. À tel point que, pour tenir le coup et continuer à partager avec le public cette énergie éreintante – l'ivresse bienfaisante du rire –, il a fini par avoir recours à l'alcool et à la drogue. Il a failli en mourir – tout ça pour nous divertir... C'est la raison pour laquelle nous avons raison d'aimer et d'admirer des personnes parfois détestables. Après avoir traversé une période destructrice, grâce à une volonté de fer, il s'est relevé et s'est remis au travail. C'est-à-dire que Michel Colucci a sorti Coluche du placard pour lui redonner sa vie éclatante. Coluche s'apprêtait à remonter sur scène quand Michel Colucci s'est tué dans un accident de moto.

Michel Colucci – le « je » – était un grand comédien qui avait compris que, pour être libre, il lui fallait créer un personnage – « l'autre » – auquel il ordonnait d'être une version idéale de lui-même. Il est très difficile pour cette famille d'artistes – de comédiens –, quand arrive le grand succès, de faire la part entre « je » et « l'autre ». Le « je » est terrorisé à l'idée que puisse arriver le moment où il ne saura plus rendre « l'autre » génial. D'où le recours à la drogue et la confusion insupportable du « je » et de « l'autre », d'où le recours à l'ivresse chimique, de peur de perdre l'ivresse vitale.

Serge Gainsbourg, dont il était l'ami – qui se ressemble s'assemble – connaissait des affres de même nature avec Gainsbarre. Gainsbourg était plutôt à cheval sur les principes, terriblement timide, fragile, très intelligent et drôle. Gainsbarre était un esthète méticuleux et un poète athlétiquement libre, dont les provocations étaient des gestes artistiques, parfois hasardeux, mais toujours courageux. Tout a été dit sur les rapports de Gainsbourg avec l'alcool. Mais un jour, dans les minutes qui précédèrent l'enregistrement d'une émission, j'ai vu Gainsbourg, avec lequel je venais de passer deux heures et qui n'avait bu que de l'Orangina, répondre à l'interview d'Yves Mourousi comme s'il avait bu un litre de whisky. Même quand il était à jeun, il fallait que Gainsbarre – sans lequel il était paralysé – ait l'air d'être un peu bourré.

Inutile d'en dire plus sur Renaud et Renard, bouleversant comédien, également ami proche de Gainsbourg et de Coluche.

José Artur est l'ami et l'homme de radio le plus drôle que j'aie jamais rencontré. Lui-même comédien dans l'âme – il cessait rarement de jouer le rôle de José Artur –, il a entretenu des relations d'affection et de fidélité avec les plus grands artistes de son temps. Brassens, Madeleine Renaud et Jean-Louis Barrault, Gainsbourg, Coluche, Renaud, François Périer, Barbara et beaucoup d'autres, dont Salvador Dalí.

On a tout dit sur les compromissions de Dalí, sur les incessantes pitreries de Dalí, sur ses rapports désolants avec le franquisme de Dalí, sur l'avarice de Dalí, au point qu'une critique sourcilleuse l'a souvent considéré comme un imposteur et a jeté sur sa peinture le soupçon de la facilité commerciale.

Mais à y regarder de près, en oubliant la légende du moustachu catalan aux yeux exorbités qui « rrrafollle du chocolat LLLanvin » – publicité lucrative auquel il s'est prêté avec délices –, Dalí était un peintre de génie. Il fait partie des rares, avec Buñuel, à n'avoir jamais pris au sérieux le sérieux que mettait André Breton à respecter et faire respecter les règles théologiques du surréalisme. Le clown aux moustaches en érection, vociférant des énormités avec un accent impossible, était une création artistique qui lui donnait la liberté de peindre ce qu'il voulait comme il voulait, avec un courage épatant.

José Artur m'a raconté que Salvador Dalí n'avait aucun accent. Lorsqu'ils déjeunaient ensemble, ils avaient des conversations passionnantes. Mais sitôt qu'un inconnu s'approchait de leur table, Dalí se remettait à dire n'importe quoi avec une emphase grotesque et un accent à couper au couteau.

Ce personnage de farce, c'était ce que Dalí avait trouvé de mieux pour exercer son art avec la plus grande exigence et sans concession. S'il est arrivé que l'on demandât des comptes à Salvador Dalí, le clown Dalí n'avait de comptes à rendre à personne. Dalí était un grand peintre par la maîtrise de son art, mais aussi parce qu'il était un grand comédien.

Quand j'étais un enfant, je me suis pris de passion pour Brassens. Très vite, j'ai su jouer ses chansons à la guitare et je savais ses textes par cœur. Circonstance aggravante, j'habitais à côté de chez lui, et c'est paralysé de timidité que j'ai parfois osé lui parler et lui serrer la main. Je l'ai vu sur scène à chacune de ses rentrées, et j'ai lu, écouté ses interviews, épluché les articles qui lui étaient consacrés. Les années ont passé, et le jour de sa mort, j'ai écrit une chanson pour lui rendre hommage. Pourtant, à bien y réfléchir, je n'ai jamais réussi à comprendre qui était Brassens, quel homme c'était, comment « fonctionnait » cette bestiole. C'est récemment, en regardant le très beau documentaire que Philippe Kohly lui a consacré, que j'ai fini par relier l'homme Brassens à la silhouette géniale qui chantait le pied sur un tabouret en souriant sous sa moustache. Extraordinaire réussite de création d'un personnage, derrière lequel, contrairement à Coluche ou Renaud, le marionnettiste avait complètement disparu. Peut-être encore plus méticuleusement que les autres, Brassens avait composé un personnage qui, jamais, à aucun moment de sa vie artistique, n'a laissé voir son caractère intime. Ce qu'il a livré sur son père, sa mère, ses amis, était soigneusement dosé pour entretenir et cultiver la légende du chanteur moustachu, un peu bourru, insolent et pudique. Dans le documentaire de Kohly, on découvre un personnage inquiet de son talent, de sa réussite, de l'effet de ses chansons sur le public, obsédé par des rituels destinés à conjurer l'éventuel tarissement de son inspiration. Derrière le personnage quasiment immuable de Georges Brassens, se cachait un comédien et un poète anxieux, laborieux, qui n'avait en commun avec sa créature qu'une farouche liberté d'esprit et une vaste culture littéraire. Il avait créé un Brassens un peu lourd, massif, qu'il maniait avec une légèreté pleine de charme.

La pipe qu'il fumait et ses polos à col boutonné contribuaient au mystère d'un poète dont même les chansons d'amour semblaient des fictions, des histoires arrivées à un autre.

L'œuvre de Brassens est une étrange réussite artistique en ce sens qu'elle semble jaillir d'un monde parallèle dont il s'est efforcé d'estomper tout lien avec sa réalité intime. Les états d'âmes qu'on peut en percevoir çà et là sont à peine crédibles, et sévèrement disciplinés par la rigueur de la rime et l'esthétique, parfois maniérée, du vocabulaire. C'est ainsi, par exemple, que « Les Amoureux des bancs publics » ne seraient pas aussi émouvants s'ils n'étaient représentés avec une brutalité lexicale refoulant l'émotion. Le charme de ses chansons, et surtout la délectable fraîcheur des premières, leur humour insolent et leur tempo si original, à mi-chemin entre le jazz manouche et la tarentelle italienne, n'auraient jamais conquis le cœur de tout un pays si un libertaire sourcilleux et pensif n'avait inventé son double idéal, Georges Brassens, c'est-à-dire une merveilleuse blague.

Quelles que soient nos opinions, nous sommes liés par des récits communs. L'histoire des Français – y compris pour les plus indifférents à l'histoire – est jalonnée par trois grandes figures : Jeanne d'Arc, Napoléon et le général de Gaulle.

Paradoxalement, le plus mystérieux est le plus proche de nous dans le temps. Qu'est-ce que le général de Gaulle ? Pour Jeanne d'Arc, l'opacité même du XVe siècle nous autorise à adhérer à l'une ou l'autre des milliers d'hypothèses échafaudées à propos de sa personnalité. Qui s'intéresse à Napoléon dispose d'innombrables témoignages qui dessinent assez précisément le caractère du jeune et fougueux général Bonaparte devenu Napoléon Ier. Le roman de Joseph Delteil, *Il était une fois Napoléon*, laisse bien percevoir le « rythme » physique et l'énergie de l'animal. Mais c'est le pape Pie VII, convié au couronnement de l'empereur, qui donne la clef du caractère singulier de celui qui lui prend la couronne des mains pour se couronner lui-même. « *Commediante ! Tragediante !* » sont les deux mots que choisit le pape Pie VII pour désigner l'empereur. Si Bonaparte n'avait été *commediante* et *tragediante*, la geste napoléonienne ne se serait jamais accomplie. Sous l'insulte papale perce la reconnaissance d'un charme qui opère. Je ne sais si Jeanne d'Arc était drôle, mais je suis convaincu que, dans la composition mystérieuse de tout charme, entre de la matière à rire... En 1930, Einstein est venu à Londres faire une conférence, précédée d'une présentation hilarante et très élogieuse par George Bernard Shaw. Einstein répondit ceci : « Je vous remercie pour les paroles inoubliables que vous avez adressées à mon frère mythique, celui qui porte le même nom que moi. Ce frère me rend parfois la vie difficile, mais, avec sa respectabilité maladroite, c'est finalement un bon garçon. » Sans le sens de la comédie et de la tragédie, point de charme.

Mais de Gaulle ?

Lorsque j'avais une dizaine d'années, j'ai assisté à un discours du Général. J'étais devant, accoudé à la barrière métallique. Mon adolescence, dans la France puritaine et conformiste, trouvait que c'était un peu un vieux con. Puis j'ai appris l'histoire de l'homme du 18 juin dans les livres et les documentaires. À mon ignorance succéda l'admiration.

Pendant la guerre de 1914-1918, alors qu'il était prisonnier en Allemagne, Charles a, moralement, souffert le martyre. C'était un patriote. Il aimait la France, et la France était saignée. Dès cette époque, il a été convaincu que, dans un moment crucial, il sauverait la France du péril de sa disparition. De ce jour, Charles, qui était par ailleurs de nature dépressive, a inventé « le général de Gaulle ». Il n'était encore que lieutenant-colonel. Une vingtaine d'années plus tard, dans la semaine précédant l'appel du 18 juin, Winston Churchill l'admettra sans hésitation dans le cercle plus que restreint des acteurs qui tiennent les premiers rôles de l'histoire. Plus que restreint, puisque jusque-là Churchill en était le seul membre. L'admission était méritée. Charles, qui aimait la France, avait mis au point « le général de Gaulle », qui *était* la France. De Gaulle était parfaitement conscient qu'il avait construit le général de Gaulle. Un jour, il confia même à un ami : « Au début, je n'étais pas tellement gaulliste. Mais en me regardant agir, je me suis convaincu. » Dans ses mémoires, dans les verbatim de ses interlocuteurs, dans les témoignages précieux de Malraux, grand intellectuel qui, sans doute, fut son seul ami intime, le thème revient très souvent. De Gaulle est obsédé par ce que « le Général » doit faire, et parfois, il n'est pas d'accord. Comme lorsqu'en privé, il confie qu'il est peiné de traiter si durement Churchill qu'il aime et qu'il admire, mais, ajoute-t-il, « le général de Gaulle ne peut pas faire autrement ». Raymond Aubrac, que j'interrogeais avec Jean-Luc Hees pour un portrait dans *Charlie Hebdo*, nous racontait ses relations parfois houleuses avec de Gaulle, à Alger, en juin 1944 : « Quand on était d'accord avec lui, il fallait dire : “Oui mon général !” Et quand on n'était pas d'accord, il fallait dire : “Bien mon général !” » C'est dire la puissance du personnage, si même ceux qui l'aiment en sont réduits à cette distance de sécurité... Théâtralement parlant, c'est à mourir de rire, mais c'est également très sérieux, parce que c'est ainsi que s'écrit l'histoire.

Charles de Gaulle fumait jusqu'à trois paquets de cigarettes par jour, ce qui en dit long sur les ruminations anxieuses du metteur en scène du Général. Un jour, les médecins l'ont respectueusement prévenu que, s'il continuait à fumer, il allait en mourir. Charles pensait que la France avait encore besoin du Général, et il a arrêté de fumer. Le sevrage a été douloureux, mais c'était pour la France, donc ça ne se discutait pas. Au premier tour de l'élection présidentielle de 1965, le Général, qui n'avait pas jugé utile de faire campagne parce qu'il était le Général et que ça suffisait à sa réélection, s'est retrouvé en ballotage avec moins de 45 % des voix. Stupéfaction, déception, dépression de Charles de Gaulle, qui, avant de se ressaisir, confia à un ami : « Eh bien, les Français n'ont plus besoin du général de Gaulle. Ce n'est peut-être pas plus mal. Quant à moi, je vais retourner à Colombey et me remettre à fumer. »

Soudain, on comprend mieux le personnage. Charles de Gaulle n'est ni plus ni moins mystérieux que vous et moi. En revanche, le Général est très mystérieux, parce qu'il est une création artistique imaginaire. Le général de Gaulle, c'est la version idéale de Charles de Gaulle. Pour conquérir le public, pour le faire rêver, pour lui donner du courage, pour l'entraîner dans un récit dans lequel il se sente engagé, la bonne volonté, le courage, l'intelligence ne suffisent pas. Il faut un sens du spectacle qui exige un personnage cohérent – ce qui n'existe guère dans la réalité –, un personnage « fini », en quelque sorte, qui se tient à ses principes, à son destin, à son *esthétique*, et qui donne au public le sentiment qu'il est possible d'être soi, mais en mieux.

La liberté époustouflante de l'homme du 18 juin, seul le général de Gaulle en était capable. Charles de Gaulle n'aurait jamais osé, il était trop fragile.

Il faut revoir les images de la descente des Champs-Élysées par le Général à la Libération. La foule rit.

21

Le cas Zelensky

Poutine ne pouvait pas faire autrement. Il lui était impossible de supporter Zelensky, son symétrique opposé. Le sinistre flic de dictature pour lequel *la vie des autres* ne vaut rien, face au comique qui dépense toute son énergie pour rendre le public heureux, c'est le spectacle shakespearien que nous offre la guerre en Ukraine. L'oppresseur du peuple contre le serviteur du peuple.

On a lu dans les journaux que ce n'était pas la première fois qu'un comédien devenait chef d'État. Et les analystes consciencieux de citer le cas le plus récent, Ronald Reagan. Mais notre monde journalistique n'a guère changé depuis que Balzac en a dépeint la genèse. Si quelques personnalités font exception, les troupes souffrent de deux maladies chroniques : l'inculture et l'adhésion à ce que l'air du temps a de plus vulgaire et de plus superficiel. Penser par soi-même revient, dans les rédactions, à incarner le mouton noir.

Comparer Reagan à Zelensky n'a guère plus de sens que de comparer une brouette et un planeur. On voit bien les raisons du rapprochement ! Les deux viennent du monde du spectacle, ce qui, malgré la popularité, la réussite, et parfois la ferveur populaire dont peut jouir un artiste, reste une infamie sociale. Les choses n'ont pas changé depuis Molière. L'artiste, même adulé, est toujours attendu au tournant. L'amoralité avec laquelle tout artiste joue pour donner vie à son œuvre est un jeu avec le feu qui peut se retourner contre lui au moindre coup de vent. On l'a vu encore récemment avec Woody Allen ou Kevin Spacey. Reagan et Zelensky ont effectivement en commun de venir d'un monde, celui du spectacle, qui inspire un profond mépris au monde sérieux sitôt que l'artiste ose s'occuper d'affaires réservées aux initiés, aux universitaires, aux journalistes, et aux politiciens de métier. Depuis l'Antiquité romaine, on sait qu'il n'y a pas loin du Capitole à la roche Tarpéienne, mais pour les artistes, les deux sont dans le même bâtiment.

Là où les analystes déraillent et se perdent dans les méandres de leur ignorance, c'est lorsqu'ils croient avoir tout compris en comparant le phénomène Reagan et le cas Zelensky. Reagan était un acteur qui incarnait des cow-boys dans des westerns de seconde zone et qui, pour autant, n'a pas été le pire des présidents américains. D'autres, venus du sérail comme Bush junior, ou de la finance, comme Trump, se sont révélés infiniment moins compétents que le cow-boy de série B.

Mais Zelensky, c'est une tout autre histoire. Ce n'est pas un acteur de western, qui cachetonne dans le conformisme hollywoodien, c'est un humoriste. Et un très bon humoriste, gonflé, prenant de gros risques, n'hésitant pas à se mettre en danger pour réussir un sketch de mauvais goût, pour la plus grande joie du public. Zelensky faisait rire, avec beaucoup de talent et de courage, dans un monde post-soviétique où le talent et le courage était persécutés depuis près d'un siècle. Zelensky est l'héritier de la tradition culturelle de la Mitteleuropa, qui a donné à la civilisation européenne les artistes, les peintres, les savants les plus prestigieux. Milan Kundera, dans sa conférence « Un Occident kidnappée », parle avec une grande lucidité de cette culture des confins de l'Europe et de sa résistance séculaire à l'impérialisme brutal de la Russie. Zelensky ne vient pas du pays de John Wayne, il vient du pays de Lubitsch, de Kafka, de Freud, de Miloš Forman, de Béla Bartók, de Gustav Klimt, de Mozart… Il vient aussi du pays de Molière et de Rabelais, c'est un Européen, et, qui plus est, du Yiddishland.

Étrangement, le fait qu'il ait été un comique professionnel très populaire, au lieu de lui conférer un brin de légitimité, a consolidé le soupçon d'imposture avec lequel l'opinion des élites l'a accueilli. Car *l'opinion sérieuse* a horreur du rire, qu'elle redoute plus que tout, parce que c'est le rire qui menace le plus de dévoiler ses innombrables erreurs.

On connaît l'histoire de la série télévisée *Serviteur du peuple*, dans laquelle Zelensky joue le rôle d'un professeur qui, par la grâce d'un scénario de comédie qui se joue de la vraisemblance, devient président de la République. C'est, à ma connaissance, la seule série télévisée dont les trois premières saisons se déroulent selon une fiction écrite et devant des caméras, et la quatrième, la plus intense, drôle et dramatique, dans la vie réelle. Cet ultime rebondissement de la quatrième saison – comme dans *L'Apprenti sorcier* de Goethe – échappe complètement aux scénaristes, dont Zelensky lui-même. Ils ont cru d'abord qu'ils avaient réalisé une fiction comique très réussie, mais elle était tellement drôle, tellement sympathique, que le public a refusé qu'elle s'arrête, et s'est arrangé pour qu'elle se prolonge dans la réalité. Finalement, le public a élu Zelensky président de la République.

On a déjà observé que des éléments de fiction passent de l'autre côté du miroir. Par exemple, chaque année, à Marseille, des centaines de touristes prennent le bateau pour le château d'If, afin de visiter les cellules du comte de Monte-Cristo et de l'abbé Faria, lesquels n'ont jamais existé que dans l'imagination d'Alexandre Dumas. D'autres font le voyage à Vérone – où Shakespeare n'est jamais allé – pour voir le balcon où Juliette attendait le chant du rossignol. Il y a quelques années, lors d'un match de foot qui opposait l'équipe de Vérone à celle de Naples, les supporters de

Naples, pour provoquer ceux de Vérone, avaient déployé une immense banderole où l'on pouvait lire « *Giulietta è 'na zoccola* », « Juliette est une salope », ce qui a provoqué une bagarre générale...

Les auteurs de fiction, en l'occurrence Alexandre Dumas, Shakespeare, ou Zelensky et sa bande, doivent parvenir à ce que l'interpénétration de la vie imaginaire et de la vie ordinaire du lecteur provoque une jubilation assez intense pour que le miracle se produise. Certains ressorts profonds de la psyché du lecteur, peu accessibles, mystérieux – si seulement on en connaissait la carte... – prennent le relais de l'imagination de l'auteur, et, une fois le livre refermé ou le spectacle terminé, le public continue à faire vivre à sa manière des personnages fictifs qui modifient sa propre existence. Car Zelensky, comme de Gaulle ou Coluche, Juliette ou Monte-Cristo, sont des artifices. Dans la vie ordinaire, personne ne sauve le monde, c'est un rôle réservé aux personnages de fiction.

À n'en pas douter, Zelensky était un comédien et un auteur comique très talentueux, doté de solides qualités humaines. La transmutation du personnage s'est faite en plusieurs temps. D'abord, il est élu président de la République, et le monde politique, qui ne s'est pas posé les mêmes questions lorsque Poutine est arrivé au pouvoir, se demande s'il sera un Ubu ou un Reagan. Comme aurait dit Brassens, le monde futile le couvait d'un œil protubérant. Zelensky saura-t-il devenir autre chose qu'un saltimbanque ? Mauvaise question. Pour que ça marche, il fallait absolument qu'il le restât. Et il l'est resté. Il a appris son rôle, et mis au point le Zelensky-Serviteur-du-Peuple, lequel, confronté à toutes les péripéties du scénario, ne peut agir que d'une certaine façon. Le grand art dramatique de Zelensky se révèle dans la nuit du 24 février 2022, lorsque les troupes russes envahissent l'Ukraine. Le président des États-Unis téléphone à Zelensky, et lui propose de mettre à sa disposition un avion pour assurer sa sécurité. Et le Serviteur du Peuple de lui répondre : « Je n'ai pas besoin d'un chauffeur, j'ai besoin de munitions. »

Le choix des mots est important. Il témoigne d'un humour, d'une humeur, d'un courage personnel surhumains, parce que, précisément, il est l'expression géniale d'un grand art dramatique, d'un sens artistique sans lequel tout un chacun est renvoyé aux affects ordinaires de la peur, du doute, de la faiblesse. Qui n'aspire à la sécurité dans la médiocrité ? Si l'on ne joue pas, rien n'est possible. Si l'on veut que la vie vaille, il faut la jouer et laisser le rôle nous faire agir.

Comme Stanislavski le précise, dans *La Construction du personnage*, les détails sont importants. Par exemple, l'habillement – chez Zelensky, le tee-shirt kaki et la barbe clairsemée – l'aide à ne pas sortir du rôle. Ensuite, la musique verbale, le placement de voix, le style, les gestes, tout doit concourir à la cohérence du caractère. Sa communication présidentielle, souvent très drôle, sans jamais avoir l'air de prendre à la légère l'horreur de la guerre, ni d'offenser les innombrables victimes, demande une minutie, un travail intellectuel qu'on n'imagine pas. Quel respect du public !

J'ai parfois entendu des commentaires qui m'ont mis hors de moi : « Poutine fait de la propagande, mais Zelensky aussi ! » De quelle écœurante suffisance faut-il être affligé pour adopter la posture de l'esprit supérieur qui prend sa myopie pour de l'impartialité, sa bassesse pour de la sagesse, et renvoie dos à dos Poutine et Zelensky ? Il ne voit pas la différence entre le KGBiste devenu tsar en accumulant les crimes, et l'humoriste qui voulait rendre le public heureux, devenu un président qui sauve son peuple ? Les armes, l'argent, la puissance et la détermination des forces en présence décideront de l'issue de la guerre, donc de notre avenir. Mais d'ores et déjà, l'Ukraine dispose d'une arme que n'a pas la Russie : la joie de vivre qui, malgré la tragédie, émane du pouvoir ukrainien incarné par Zelensky. Tant qu'elle sera présente, elle empêchera toute victoire de la Russie. Ne fait-il pas la différence, l'esprit impartial, entre la propagande de Poutine, exclusivement au service du mensonge, de la tromperie et de la trahison, et la « propagande » de Zelensky, au service d'une réalité tragique que beaucoup préféreraient ignorer s'il n'y avait le talent de communication des équipes présidentielles. L'esprit qui se croit malin s'extasie parfois, en prenant des airs d'amateur éclairé : « Ils sont très habiles en com, ces Ukrainiens ! » Il voit de l'habileté là où il est question de vie ou de mort. Mais qu'est-ce que la vie et la mort, par chez nous, qui ne subissons les bombardements que dans nos écrans de télé ? Mais qu'est-ce qu'il croit, le géopoliticien en charentaises ? Que « les équipes de com » de Zelensky élaborent leurs clips moqueurs qui forcent notre admiration dans un bureau climatisé à Hollywood ? C'est entre deux bombardements, après avoir ramassé les morts et les blessés, qu'ils nous fabriquent un petit film sur la musique de « Je t'aime… moi non plus » de Gainsbourg, pour nous faire sourire, pour qu'on se sente concernés, pour qu'on les aime, parce que, sinon, ils vont crever. Ne voit-il pas la différence, l'arbitre impartial qui balance entre Vladimir et Volodymyr comme on balance entre fromage et dessert ? L'avenir de l'un, c'est la disparition de l'esprit européen. L'avenir de l'autre, c'est l'esprit européen. Mais il ne sait pas avec lequel des deux il aimerait passer ses prochaines vacances !…

Tout en se réservant le droit à la critique et à la discussion, combien nous serions plus dignes si nous nous mettions déjà d'accord pour faire une ovation à l'acteur de *Serviteur du peuple,* qui est parvenu à rallier à sa cause la totalité des États de droit de la planète, les hésitants et les hostiles n'étant, disons le mot, qu'un ramassis de crapules. Reconnaissons-lui au moins ça : c'est parce qu'il est le meilleur que son nom est en haut de l'affiche. Dans les temps futurs, quand Poutine ne sera plus qu'un mauvais souvenir, je suis convaincu que des romans, des films, des pièces de théâtre feront revivre le personnage de Zelensky, et que les plus émouvants seront ceux dans lesquels l'acteur incarnant le héros aura un talent comique. Les autres, à la poubelle…

22

Le rire est-il de droite ?

La question, jusqu'à une époque récente, n'avait guère de sens. D'autant que, par son histoire, le grand rire scandaleux a toujours été à l'avant-garde de la liberté. Si l'on considère que le rire est une perturbation du cerveau qui provoque le mouvement spasmodique et involontaire de certains muscles et du diaphragme, ainsi qu'une émission vocale dénuée de sens et incontrôlable, le tout suscité par une perception de l'esprit, alors le rire est, par essence, réactionnaire. Il est pure « réaction ». On conviendra sans difficulté que cette « réaction » est apolitique, et se trouve à gauche comme à droite. Pourtant, ceux qui aujourd'hui s'autoproclament la « vraie » gauche, non seulement ont sorti du champ politique tous ceux qui ne partageaient ni leur morale ni leur style, mais ont aussi consciencieusement chassé jusqu'à l'extinction de l'espèce l'animal politique qui ne s'autorise à rire des autres qu'à la condition de savoir rire de lui-même. Pour cette gauche, le rire n'est pas un phénomène universel spécifique à l'être humain, mais une insulte au sérieux de leur cause.

On objectera qu'aujourd'hui, en France, il n'y a pratiquement que des comiques de gauche. C'est tout le problème. Ils ne sont pas drôles, parce qu'ils sont de gauche, ou alors ils sont de gauche parce qu'ils ne sont pas drôles. Ça marche dans les deux sens. En d'autres temps, on aurait pu dire la même chose avec la droite.

Quand j'étais enfant, j'adorais Fernand Raynaud, que j'ai vu sur scène à l'Alhambra dans les années 1960. Il jouissait d'un tel succès populaire que le public connaissait les sketches par cœur. C'était des tubes qu'on refaisait dans les bistrots. « Passe-moi le 22 à Asnières ! », « Avec des croissants ! », « Tonton pourquoi tu tousses ? », ponctuaient les conversations... Quand ils voulaient rigoler, les gens « parlaient » le Fernand Raynaud. J'ai revu récemment beaucoup de ces sketches. Et je me suis aperçu que, si je riais toujours autant à ceux du début de sa carrière – comme « Le mariage de ma sœur », « Ne me parle pas de Grenoble ! Que des sportifs... des prétentieux ! », ou l'extraordinaire « Défilé militaire » –, les sketches tardifs, en revanche, ont mal vieilli. Au début, le talent de Fernand Raynaud est une sorte de géniale transposition théâtrale de l'humour du dessinateur Dubout. Mais, avec les années, il s'est fatigué d'être considéré comme un comique gratuit. Il a voulu être reconnu pour le sens profond de ses sketches. Lui qui riait des autres en faisant rire de lui-même s'est mis à rire des autres pour montrer qu'il était profond. Plus il a voulu donner un sens à ses sketches, plus ils ont été cousus de fil blanc : on savait pourquoi et où il fallait rire, non pas tant parce que c'était drôle que parce qu'on était d'accord, ce qui change tout. La lourdeur du sens qu'il voulait donner à ses sketches – comme celui du « Brassard » – l'a privé de cette légèreté qui faisait tout son charme autrefois. Le comique ne peut pas être sérieux. Ou plutôt, s'il s'élabore avec le plus grand sérieux du monde, c'est parce qu'il ne doit pas l'être, et c'est très difficile.

Moi qui ai pratiqué le genre, plus souvent qu'à mon tour j'ai cédé à la facilité de croire que ce que j'avais à *dire* était plus important que ce que j'avais à *faire*. Non que ce que l'on a à dire soit absolument vain, mais ce que l'on a à *faire* avec ce que l'on a à dire est beaucoup plus important. N'importe qui peut penser sincèrement que la misère est scandaleuse, l'autorité contestable, le racisme insupportable, etc. Mais savoir faire rire demande une nature et une exigence qui ne sont pas à la portée de n'importe qui. C'est la grande injustice de la vie. On peut admettre que tout le monde est potentiellement un artiste, mais tout est dans le *potentiellement*. Certains le sont, le deviennent, d'autres ne le sont pas, ou peu, ou pas assez. Il n'est d'ailleurs pas nécessaire de faire un métier d'artiste pour en être un. C'est un trait de personnalité profond qu'on trouve chez toutes sortes d'individus. Ce sont d'ailleurs ceux avec lesquels on a envie de devenir ami, parce qu'avec eux, on s'amuse, tandis qu'avec les autres, on s'ennuie très vite. Si la valeur d'une vie se mesure à la quantité de joies éprouvées, il est conseillé de gagner du temps en fuyant comme la peste les individus dénués de tout sens artistique. C'est-à-dire d'humour, quelle que soit la forme étrange ou secrète qu'il prend chez les artistes.

Or, depuis quelques années, grâce à la radio, à la télé, et aux réseaux sociaux, on a vu émerger dans l'espace public d'innombrables humoristes. Le plus souvent, c'est la radio qui les consacre, en leur offrant de nombreux passages réguliers à des heures de grande écoute. Le premier problème vient de là. La fréquence leur impose un travail de tâcheron que très peu sont en mesure de supporter. Et la blague qui sent l'effort est comme une rose qui sent la merde. Alors, ils se mettent très vite à penser que ce qu'ils ont à *dire* est plus important que ce qu'ils ont à *faire*, à savoir : provoquer le rire en surprenant.

Faute de bonnes idées, ils défendent des bonnes causes, ou des causes consensuelles. Il serait malvenu de reprocher à un comique d'être contre la misère, l'injustice et le racisme. En revanche, on est en droit de lui reprocher de ne pas nous arracher un sourire, voire de nous consterner…

À l'*inattendu* – qui est le principe de base de ce qui provoque le rire – a succédé le *téléphoné*. On constate, par exemple, qu'un sketch qui envoie des tomates sur Macron fait rire ceux qui n'aiment pas Macron. Comme ils sont nombreux, on peut s'en faire un public assez large pour financer des cachets confortables. Alors on relance des tomates sur Macron. Pour varier, on prendra des tomates vertes, des tomates rouges, des tomates pourries, ou des tomates en boîte, mais le problème, c'est que ce sont toujours des tomates et que c'est toujours Macron. Le rire qui monte du public n'est pas un rire d'étonnement, c'est un gloussement de ralliement entre gens qui partagent l'idée que Macron mérite des tomates. La vertu du rire, qui fait vivre au rieur un merveilleux moment de stupeur, n'est plus requise.

Il existe ainsi des thèmes porteurs, généralement intersectionnels, qui soulagent les comiques de l'effort d'avoir à faire rire en suscitant gloussements d'approbation et applaudissements. En réalité, le gloussement n'est que l'accompagnement de l'applaudissement, lequel exprime l'accord enthousiaste du public sur la question, par exemple, de la méchante police et des gentils manifestants, des méchants laïcs et des gentils musulmans, des méchants riches et des gentils pauvres, du méchant Macron et des gentilles tomates, etc. Il doit exister sur internet un *tuto* avec la liste complète des choses qui font rire…

Les Anglo-Saxons, qui ont actuellement quelques longueurs d'avance sur la question, ont séparé en deux la famille des comiques. Les humoristes qui font rire, et les « clappers » qui font applaudir. Pour être plus précis, qui *se* font applaudir.

La plupart de nos comiques, à l'exception de Blanche Gardin et de quelques autres moins célèbres, sont des « clappers », des cabots fatigants qui remuent la queue parce que le public les félicite de voter à gauche. Blanche Gardin est d'autant plus remarquable qu'elle est foncièrement de gauche. Mais quand elle monte sur scène, elle ne s'adresse pas à des adhérents. C'est d'ailleurs le titre-programme d'un de ses spectacles, *Je parle toute seule*, autrement dit : « Je me fous de ce que vous pensez, je parle à tout le monde », et contrairement à nombre de ses collègues, elle tient sa promesse. Je ne partage pas les certitudes politiques de Blanche Gardin, mais c'est secondaire du moment que j'applaudis à ce qu'elle choisit de donner au public. Il y aurait désaccord sur le fond si elle-même pensait que, précisément, ce n'est pas secondaire. Ce qui revient à dire que, pour un artiste, quoi qu'on en pense et quoi qu'il en coûte, l'art passe avant tout. D'ailleurs, cette nécessité est contenue dans le mot : artiste.

La pullulation des « clappers » et la raréfaction des humoristes sont le corollaire de l'élimination de la gauche par l'extrême gauche. Être de gauche, désormais, c'est adopter un catéchisme où sont référencés les types de blagues drôles et permises – celles qu'il faut applaudir sous peine d'exclusion – et les pas drôles et interdites – celles qui font que l'on *se surprend* à rire, et qui de soi-même font rire, le pronom « soi-même » se rapportant ici à la fois à la blague, à son auteur, et au spectateur.

Nous vivons un de ces moments inquiétants de notre histoire où le rire frivole est de nouveau mal venu, coupable, ennemi de classe, contesté dans sa nécessité. C'est dans les périodes où l'affreux ricanement de connivence prend le pouvoir avec ses blagues de propagande et ses leçons de moralité publique que le rire monte sur l'échafaud.

On connaît la fameuse phrase de Saint-Just : « Le bonheur est une idée neuve en Europe ». Ah bon ? Il faut être bien sûr de soi pour affirmer une chose pareille... et pour guillotiner à tour de bras au nom de la nouveauté de l'idée. Comme disait Boris Vian qui, en la matière, en connaissait un rayon : « Y a què'qu' chos' qui cloch' là-d'dans ». Sans doute la difficulté de rire avec la tête coupée.

23

La méthode

En bonne logique, j'aurais dû placer le chapitre qui va suivre au début de mon livre. Néanmoins, je pense que c'est maintenant qu'il a sa place. Dans les *Pensées*, Pascal prévient son lecteur : « J'écrirai ici mes pensées sans ordre, et non pas peut-être dans une confusion sans dessein. C'est le véritable ordre, et qui marquera toujours mon objet par le désordre même. Je ferais trop d'honneur à mon sujet, si je le traitais avec ordre, puisque je veux montrer qu'il en est incapable. » Le sujet de Pascal est la grâce. Le mien est le rire, expression profane de la grâce, et mon apparent désordre a la même raison que le sien : mon objet est incapable d'ordre.

Montaigne le dit plus gaillardement : « J'aime l'allure [...] à sauts et à gambades, c'est un art [...] léger, volage, démoniaque. » Pourquoi démoniaque ? Parce que les sauts et les gambades, avec leur air d'aller nulle part, finissent par conduire le lecteur à jouir de ce qu'il s'interdisait avant. Par démoniaque, Montaigne entend enchanteur...

Si j'ai décidé d'écrire un livre dont le sujet est le rire, c'est que j'ai eu la chance d'avoir une enfance triste, et la manière désordonnée dont j'en suis sorti me donne la légitimité pour traiter le sujet. Je ne m'amusais guère, et faute d'un foyer rassurant, j'ai trouvé dans les artifices de la musique, de la littérature ou du cinéma, une famille de substitution. Lorsque j'ai dû gagner ma vie, je n'ai pas choisi de faire l'artiste, je suis allé là où le vent m'emportait, loin de mon enfance. Je pense n'avoir jamais exercé aucun métier. Pour moi, la musique, la philosophie, la littérature, et même le journalisme, ne sont pas des métiers. Ce sont des échappées, des sauts de l'oisillon qui apprend à voler pour atteindre la bonne hauteur : celle d'où le monde que l'on regarde donne envie de chanter. On peut me faire confiance. Mon expertise sur le rire, son effet, et sa pratique, me viennent d'une solide connaissance de l'angoisse et de la mélancolie.

C'est pourquoi, né une demi-douzaine d'années après la Seconde Guerre mondiale, mal à l'aise et en désaccord brouillon avec ma petite bourgeoisie d'origine, j'ai été tenté de me ranger aux côtés de tout ce qui la contestait. Comme la plupart des jeunes gens littéraires de ma génération, j'ai été la proie des maîtres à penser de l'époque. Mais une proie rétive, prudente, fuyante. On n'a jamais réussi à m'attraper. Dès mes débuts dans les cabarets, et plus tard lorsque j'ai fini par jouir d'une petite renommée, j'ai connu des vagues d'affection, puis de désaffection, car on découvrait au détour d'une chanson ou d'une interview que je n'étais pas celui qu'on croyait. Le malentendu venait de ce que, à l'époque – comme aujourd'hui –, on pensait que certaines causes étaient irrévocablement imbriquées à la solidarité avec la classe ouvrière telle que la concevait le Parti communiste. On tolérait que je n'adhère pas, c'était tout à faire permis, d'ailleurs, mais on interdisait que, d'une manière ou d'une autre, je ne sois pas *compagnon de route*. Je ne l'ai jamais été parce que j'ai toujours pressenti que la route allait vers la médiocrité, le mensonge, la grisaille bureaucratique, et le sacrifice humain. Certes, la France n'était que la lointaine banlieue de Moscou et de Pékin, mais celui qui voulait savoir savait. Et comme tout ça m'intéressait, j'ai toujours voulu savoir. J'étais loin d'être le seul. Et tous ceux qui, dans leur domaine, ont toujours voulu savoir, ont connu, à des degrés de violence divers, les mêmes houles d'affection et de désaffection.

Le bercement continu de cette houle est un excellent entraînement contre la nausée, si toutefois on parvient à le considérer comme un apprentissage de la rigolade. Il arrive que des amis charitables me disent : « Quand même, tu as dû en baver… » Certes, j'ai été confronté à des déchaînements d'hostilité qui m'ont fait vivre des moments désagréables. J'ai été victime d'agressions morales et physiques, mais je ne suis pas *une* victime. Je peux être la victime d'un con, mais je ne suis que *sa* victime, je ne suis pas *une* victime. Je ne suis pas à plaindre. Je m'amuse bien. Je ne dis pas ça par coquetterie ou par fierté, comme l'enfant qui tombe, se relève, et ravale ses larmes en disant « même pas mal ». C'est une vérité toute droite : je hais le statut de victime, pour moi comme pour les autres. Autant qu'il est possible, je fabrique quelque chose de ce qui m'arrive et je m'arrange pour en tirer des bénéfices. Je ne dis pas que j'y suis toujours parvenu. J'ai appris. J'ai fait des rencontres qui, sans le savoir, m'ont donné une petite clef. J'ai lu des livres dont j'ai pris le temps de sonder la profondeur, d'y revenir, de tester leur digestibilité dans l'estomac de la vie quotidienne, et j'ai fini par y trouver quelques idées pratiques. Mais les trouver est une chose, les vivre en est une autre. On peut trouver lumineuse la manière de voir de Montaigne et admirer la façon dont il en tire un plaisir de vivre, on n'en est pas pour autant Montaigne. On a beau savoir que ses *Essais*, scintillants d'humour et d'intelligence, sont un mausolée pour La Boétie qu'il ne s'est jamais consolé d'avoir perdu… On a beau savoir qu'il disait vrai, même s'il y entrait un peu de duplicité, quand il affirmait qu'il écrivait pour lui-même et peut-être pour quelques amis, alors qu'il était en train de faire un livre qui serait lu dans le monde entier pendant des siècles… On a beau comprendre tout cela, ce n'est pas pour autant qu'on ressent, qu'on vit, qu'on expérimente soi-même cette liberté. Quand on est un lecteur passionné, on commence par lire tout ce qui tombe sous la main. On a mille familles, mille engouements, on fait mille rencontres. Puis, peu à peu, le cercle se resserre. J'ai désormais une famille assez circonscrite que je fréquente assidument, tout en veillant à ne pas trop négliger le reste de la tribu.

Molière est un bon exemple de la manière dont *l'humeur* d'un auteur – c'est le plus important, il ne s'agit, ici, que de ça – finit par influencer la mienne. Vers ma treizième année, j'ai dévoré pendant les cours d'anglais, où je m'ennuyais à mourir, les deux volumes de la Pléiade de Molière. Puis je l'ai un peu oublié. Çà et là, j'ai vu quelques pièces, à la Comédie-Française ou ailleurs, et je me suis régalé. J'en ai profité pour en relire deux ou trois autres... Les années ont passé. J'ai visionné le coffret de DVD de toutes les pièces de Molière, montées par le Théâtre-Français, et je me suis un peu énervé contre la plupart des metteurs en scène. Je commençais à comprendre l'importance de l'*humeur* de Molière. Tout est là, et il semble qu'on ne le saisisse pas toujours. Molière compose son texte comme une fugue dont le rire du public est un contrepoint indispensable à l'harmonie du tout.

Pourquoi les metteurs en scène ont-ils une prédilection pour *Dom Juan* et *Le Misanthrope* ? Parce que ce sont des pièces dont il est facile de mettre en évidence le côté tragique. Le metteur en scène se dit : le public croit que c'est une pièce drôle, je vais lui montrer que c'est une pièce profonde. Il va donc y mettre le plus de sens possible, comme si Molière n'en avait pas donné assez. Il ne comprend pas que la pièce est profonde *parce qu'*elle est drôle, et drôle *parce qu'*elle est profonde. J'ai vu des mises en scène de *Dom Juan* sinistres, qui montraient ce que l'on sait déjà des nombreuses laideurs et des beautés rares qui se partagent l'âme humaine. Et puisqu'on le sait déjà, si l'on prend la peine de venir au théâtre, ce n'est pas pour procéder à une pénible vérification, *c'est pour en rire*, putain de bordel de merde !

Enfin, la fréquentation des artistes et des intellectuels du XVIe et du XVIIe siècle m'a permis de comprendre dans quelle famille Molière était apparu. Une famille qui avait le courage de vivre et d'exister sans avoir recours à la métaphysique. Ce sont tous ces va-et-vient de Molière dans ma curiosité qui ont fini, par imprégnation, par me faire entrer *physiquement* dans cette famille de pensée, toute question de talent littéraire mise à part, évidemment. Il ne s'agit que de la façon dont la réalité m'affecte et me fait réagir dorénavant. Certes, c'est assez subtil, j'ai des moments de régression, mais j'ai beaucoup avancé. Même si le phénomène a des limites – que je m'efforce de repousser –, j'ai de plus en plus souvent le réflexe d'accueillir avec une inavouable gourmandise que l'on puisse composer une comédie avec les événements les plus révoltants. La plus enivrante aventure de la vie de Claude Lanzmann a été de réaliser *Shoah*, et celle de Chaplin d'avoir réalisé

Le Dictateur, celle de Lubitsch d'avoir réalisé *To Be or Not to Be*, comme celle d'Homère d'avoir chanté pour les siècles futurs les massacres de l'*Iliade*. Le respect que l'on doit aux victimes ne doit pas s'étendre à l'histoire qui les conduit à vivre une tragédie. Cette histoire, quelle qu'elle soit, est libre de toute interprétation, tragique, comique, burlesque, absurde ou scandaleusement transgressive, pourvu qu'elle soit assez « artistique » pour faire entrer dans nos cœurs quelque chose de sa réalité.

Même quand la décence condamne à rire intérieurement si les circonstances l'ordonnent, refouler ce rire, ne pas l'assumer au fond de soi, c'est renoncer à suivre le conseil de Nietzsche : « deviens ce que tu es ». Mystérieux conseil, car sait-on jamais qui l'on est ? En l'occurrence, « être » ne consiste qu'à réagir avec la plus grande liberté personnelle à ce qui advient. « Être » est *réactionnaire*.

24

« Et le désir s'accroît quand l'effet se recule »

Même au cœur d'une tragédie (ici, *Polyeucte*), l'esprit (celui de Corneille en l'occurrence) ne peut résister, consciemment ou non, au plaisir de glisser une bonne blague sexuelle. Devant la sexualité, nous restons des enfants qui, dissimulés derrière la glace sans tain du bordel, se poussent du coude et rigolent en chuchotant des gros mots. L'anus, la verge, le clitoris, l'utérus, les seins, les testicules, sont la matière de blagues infiniment plus nombreuses que le cubitus, les reins, l'œsophage ou la thyroïde…

C'est un apparent paradoxe, car il existe un certain degré dans l'acte sexuel à partir duquel le rire n'est plus bienvenu. Bien sûr, il peut y avoir des moments drôles au cours des ébats érotiques, mais ils ne sont que des entractes, des pauses dans la montée du désir, et sitôt que commence le processus fusionnel du désir et du plaisir, finie la rigolade ! Même dans *La Philosophie dans le boudoir*, au moment éruptif, le marquis de Sade est contraint de mettre en veilleuse sa verve logomachique. Le rire peut-il cohabiter durablement avec l'état érectile de l'appareil génital ? Les cas qui répondent par l'affirmative sont rares et mal sourcés. Il s'en dégage toujours un parfum de vantardise qui les rend sujets à caution. En revanche, les témoignages fiables et concordants de débandades sous l'assaut d'un fou rire sont innombrables. À quoi cela tient-il ? Peut-être à ce que le rire est un effondrement provisoire de nos constructions narcissiques. En éclatant d'un rire qui échappe à tout contrôle, on révèle quelque chose de soi qui, ne serait-ce que quelques secondes, n'est plus sous protection narcissique.

Or, avouons-le, dans la recette de l'acte sexuel réussi, entre une nécessaire dose de narcissisme. À un certain moment, quand le plaisir s'apprête à franchir le dernier cap, il faut bien se donner quelque chose de soi à aimer pour que la certitude nous traverse qu'étant donné notre irrésistible attractivité, il est fatal de mettre l'autre dans un état pareil… Et quand arrive ce moment, dehors le rire ! Le moindre sourire narquois peut tout gâcher… Comme le rire, cette euphorie narcissique dure peu, sauf dans le cas des imbéciles qui conservent cette image de soi jusque sous la douche. Le rire et le sexe forment un couple idéal, mais ils font chambre à part.

Le paradoxe, c'est que sur toute la terre, dans les tribus amazoniennes comme dans les bars new-yorkais, du Japon à l'Irlande, les plus répandues sont, de très loin, les blagues de cul. Est-ce pour conjurer la malice du vivant, qui a placé au cœur de la jouissance la preuve de notre soumission à des forces obscures, que le Petit Poucet sème sur son chemin des blagues sexuelles ? Non pas pour retrouver le chemin du foyer rassurant, mais celui de l'ogre ! Pour se convaincre, contre toute évidence, qu'il est *libre*. Et chaque fois qu'il trébuche dans la forêt obscure de ses pulsions, il se tord de rire pour ne pas mourir de peur. « Même pas mal ! » chantonne-t-il en poursuivant sa route.

25

La sinistrose identitaire

La création d'un tableau, d'une musique, d'un livre répond à une nécessité souvent impossible à formuler tant que l'œuvre n'est pas achevée, car elle portera en elle des réponses que l'auteur n'a pas avant de se mettre au travail. C'est le point commun avec la recherche scientifique. Qu'est-ce qui a poussé Einstein à concevoir la relativité ? Un autre aurait pu se contenter de travailler tranquillement à l'office des brevets de Berne, et continuer à vivre sans états d'âme dans l'univers d'Isaac Newton. C'est toute la question de la beauté. L'univers d'Aristote était très beau, avec la Terre au centre d'un ciel sphérique auquel étaient accrochés des luminaires qui tournaient autour d'elle. De plus, il fonctionnait assez pour permettre d'établir des almanachs préconisant le moment des semailles et des moissons. Mais l'univers de Copernic, avec les planètes qui tournent autour du soleil, s'il est certes moins rassurant, est bien plus beau encore, avec ses mouvements sphériques parfaits. Les trajectoires elliptiques observées par Kepler, et la vision cosmique de Galilée, ouvrant de vastes champs de recherche, révèlent une beauté du monde encore plus stupéfiante, à laquelle Newton ajoutera sa découverte de la gravité. La beauté résulte toujours de la mise en échec de notre perception par des trouvailles qui la remettent brutalement en cause. En se décillant, les yeux de l'esprit curieux accueillent une réalité nouvelle, difficilement compréhensible, et c'est une épreuve jouissive que d'être amené à contredire les perceptions intuitives qui nous aveuglent. Il y a, dans l'esprit curieux, un fluide euphorisant qui l'envahit lorsque la connaissance déchire un coin du voile d'ignorance qui lui dissimule la nature de l'univers. C'est la motivation profonde d'Einstein : révéler une beauté euphorisante toujours plus complexe, plus inépuisable et plus étrange, précisément parce qu'elle est plus fidèle à la réalité hasardeuse. À une dame qui lui avouait qu'elle ne comprenait rien à la relativité, Einstein, pour la lui expliquer, répondit par cette question : « À quelle heure la ville de Berne arrivera-t-elle pour voir le train en gare ? » Einstein jouait du violon, avec une prédilection pour Mozart. Ce n'est pas sans rapport. L'univers courbe qu'il conçoit, avec ses objets qui déforment l'espace-temps, est d'une beauté encore plus vertigineuse que les conceptions précédentes. Le temps, qui s'écoulait pour toute chose selon le même ordre linéaire, n'y est plus qu'un préjugé, comme les notes d'une sonate que l'on entend successivement, mais qui, dans la tête de Mozart, sont toutes contemporaines les unes des autres, de la première à la dernière. Pour Mozart, « le temps » d'une composition est relatif, il varie selon la personne qui la perçoit.

Outre les innombrables applications qui ont découlé des découvertes d'Einstein, dont certaines ont changé nos vies, comme le GPS – qui, sans le temps relativisé, n'aurait pas pu voir le jour –, la relativité n'a pas fini de nous réserver des surprises, lesquelles entreront en résonance avec notre désir de rendre le poids du temps qui passe relatif à la dynamique de nos joies.

Sans vouloir en comparer les conséquences – cela n'aurait aucun sens –, les artistes, les créateurs, les écrivains poursuivent le même but de dévoiler une beauté mal connue, ou cachée, ou perdue de vue, dont ils perçoivent l'impérieuse nécessité. Leur travail consiste à débroussailler ce qui la dérobe à la vue. Souvent la broussaille est coriace, dense, et parfois même, sacrée. Alors, non seulement il faut déblayer le terrain, mais il faut lutter contre les ennemis de la beauté, adorateurs de ronciers.

Je considère que rire, dont j'ai choisi de faire le sujet de mon livre, est un élément constitutif décisif de la beauté du monde. Si ma progression semble laborieuse, c'est que je dois d'une part tailler sans pitié dans la jungle foisonnante des passions tristes, et d'autre part épuiser les arguments des ennemis du rire. Si la difficulté vient de leur nombre, en revanche, ils sont aisés à identifier. Ils ont un point commun, un signe de reconnaissance, et, d'une certaine façon, la tâche s'en trouve simplifiée. Tous les ennemis du rire *sont quelque chose*, et c'est de cette chose qu'ils sont – leur *identité* – qu'il est interdit de rire.

Le *Cyrano de Bergerac* d'Edmond Rostand permet de comprendre cet étrange phénomène. Cyrano est généreux, amoureux, bagarreur, blagueur, provocateur, poète ; il rit et fait rire avec panache, et à la fin de l'envoi, il touche. Mais outre tout cela, il est aussi un homme au très grand nez. Il déteste qu'on en rie, parce qu'il s'imagine que sa protubérance nasale est un obstacle à son amour pour Roxane. Il rit de tout, il est même capable d'une longue tirade sur son nez – *un pic, une péninsule* –, du moment que c'est lui qui en rit. Il souffre quand le sarcasme vient d'un autre. Mais le génie de Rostand consiste à faire rire même de cette souffrance, il la rend par moments pathétique, par moments hilarante, mais surtout, toute la pièce – considérée par les Français comme la représentation parfaite du génie français – démontre qu'il *faut* en rire. Cyrano l'aurait-il compris plus tôt qu'il aurait séduit Roxane et connu le bonheur d'un grand amour. *Cyrano de Bergerac* est une fable sur le drame d'un homme aveuglé par une chose qu'il croit *être* – un individu avec un grand nez – alors qu'il est une infinité d'autres choses beaucoup plus intéressantes. Rostand soulève un problème psychologique qu'il résout par l'humour fracassant de ses alexandrins, lesquels sont la parodie de ceux des tragédiens du XVIIe siècle, d'où l'illusion de l'intemporalité du génie français, et l'effet comique.

Rostand serait bien embarrassé aujourd'hui, car de *psychologique* qu'il était au début du XXe siècle, le problème est devenu *sociologique* au XXIe siècle. Désormais, toute revendication d'identité, invalidante ou non, interdit tout dépassement d'elle-même par quelque rire que ce soit. Sans prétendre à l'exhaustivité, on peut faire une liste de ces choses que l'on est et qui ne doivent, en aucun cas, être offensées par ne serait-ce que l'ombre d'un sourire.

Obèse, transsexuel, noir, arabe, émigré de culture musulmane, pauvre, femme, militant écologiste, lesbienne, chrétien de gauche, anti-vax, rappeur antisémite, marseillais, abonné de Médiapart, journaliste de Médiapart, intellectuel propalestinien, cisgenre, LGBTQRSTU, gilet jaune, végétarien, végétalien, végan, allergique aux ondes électromagnétiques, personne voilée ayant un utérus, homme enceint, homéopathe, crudivore, antispéciste, occitan, corse, basque, breton, alsacien, dénonciateur du sexisme et des propos offensants dont se sont rendus coupables les peintres et les écrivains de l'Antiquité à nos jours, pro-allaitement, sociologue, homosexuel… tous des Cyrano de Bergerac qui ont remplacé le panache par la main courante, la solitude orgueilleuse par la meute glapissante, la passion de convaincre par la rage de condamner.

Heureusement, la majorité des personnes relevant d'une ou de plusieurs de ces catégories ne réduisent pas leur existence à cette identité. Mais on sait que, dans ces histoires, les majorités silencieuses ne sont *rien,* et que les minorités tapageuses, secondées par l'intrusion délirante des réseaux sociaux dans le monde de l'information, sont *tout.* Ce sont les minorités qui disent la messe et désignent le mal, celui-ci étant précisément ce que l'on n'est pas soi-même. Cyrano avait recours à la hauteur de vue en alexandrins. Jamais il ne lui serait venu à l'idée que l'élimination de tous ceux dont le nez offrait des proportions différentes du sien fût la solution à son problème. En quelques années, la braise de l'identité malheureuse qui couvait sous la cendre d'une gauche en perdition intellectuelle est devenue un feu qui brûle des réputations, des œuvres, des écoles, des médiathèques, des livres...

Et pour bien étouffer toute velléité de s'amuser un peu avec nos petits et grands malheurs, on a théorisé l'addition des identités, pour l'utiliser comme le bâton dont on s'aide pour bien serrer un garrot. Ainsi, l'intersectionnalité permet, par exemple, si l'on est à la fois obèse, noir, homosexuel, basque et asexuel, de bénéficier de cinq luttes sociales pour en découdre avec qui n'est pas comme soi, ou pire, avec qui s'en fout. Pour que ça marche, il faut bien sûr un ennemi commun. L'individu de type européen et, circonstance aggravante, de sexe masculin, c'est-à-dire sans identité notable, n'a même pas le droit d'évoquer les problèmes existentiels de ses victimes putatives. Toute tentative d'aider, de fraterniser, de tendre la main, est comprise comme une agression supplémentaire du dominant sur le dominé. C'est dire si tout cela est grave et sérieux… Comme si revendiquer d'être une victime dominée conférait automatiquement une supériorité morale qui n'admettait aucune contestation. La revendication identitaire est devenue le passeport magique pour juger sans justice, raisonner sans raison, salir sans se salir, condamner sans preuve. Dans une société où des intellectuels, des artistes, des journalistes se convertissent par conviction – dans le cas des crétins – ou par opportunisme – dans le cas des salauds – au catéchisme identitaire, la joie de vivre, le rire, la bonne humeur courageuse, la curiosité transgressive, la frivolité élégante et la légèreté complice sont des cordes raides au-dessus de l'enfer de la relégation morale. Car on peut retourner le problème dans tous les sens, plus il y a d'identité, moins il y a de liberté, et moins flotte son drapeau, le rire. L'identité est l'ennemie jurée du rire. L'identité est une construction stable et définie – je suis ceci, je suis cela de toute éternité – plaquée sur ce qu'il y a de plus instable et de plus indéfinie : l'être. L'identité est une prison avec un soupirail auquel se hisse le prisonnier volontaire pour maudire le reste du monde.

Il ne s'agit pas ici de nier qu'il y a eu des périodes où un groupe humain a enfermé tel autre groupe humain dans une catégorie humiliante et l'a traité d'une façon criminelle, ni que cela doive être combattu jusqu'à la victoire, avec toutes les armes de la conviction, y compris celle du rire. Il s'agit ici d'alerter sur la réduction de la conscience de soi à l'identité dont on se prévaut, quelle que soit la persécution réelle ou supposée dont elle fait l'objet. L'identité – revendiquée aujourd'hui par d'innombrables individus qui en découvrent l'usage hallucinogène sur les réseaux sociaux – est une posture qui permet à la conscience tragique de faire l'économie d'une joie de vivre courageuse et coûteuse au profit d'un ressentiment paresseux et gratuit. Je m'interdis d'entendre les arguments et les objections de qui que ce soit se permettant de me contredire alors qu'il ne partage pas le précieux enfer de mon identité persécutée. Nous sommes en train de voir émerger, sans oser en dénoncer l'absurdité, un bric-à-brac identitaire dont le programme commun est de rendre coupable quiconque n'est ni bric, ni brac.

Mais il faut nuancer. Bien que d'âpres débats agitent le monde inter-identitaire, ils sont d'accord sur un point. L'ennemi commun, il faut le rappeler, est donc cet individu de type européen, de sexe masculin si possible, qui refuse que son hétéro- ou homosexualité et sa couleur de peau le définissent, comme Cyrano refusait qu'on le réduisît à son nez. Cette catégorie coupable compte évidemment les Juifs, en qualité de grands contributeurs de la culture européenne. C'est d'ailleurs de cela qu'il s'agit : d'une culture européenne que l'on se permet de haïr précisément parce qu'elle accueille toutes les identités plus ou moins baroques qui, partout ailleurs dans le monde, sont persécutées pour de bon. Il n'y pas de wokisme en Russie, ni en Chine, ni en Arabie saoudite, ni en Iran. Dans ces pays, il faut un courage, une force vitale et une vaillance qui forcent l'admiration pour vivre selon ses désirs. En Europe, la plupart des pleurnicheries identitaires ne relèvent ni du courage, ni de la force vitale, ni de la vaillance, mais de la flemme à vivre, du renoncement à l'effort d'échanger avec ses semblables, du lâche refus de surmonter des différences humaines qui, lorsqu'elles échappent à l'imbécillité du jugement moral, font le charme de l'existence.

Y a-t-il une manifestation plus criante de l'insondabilité de la bêtise humaine que de se sentir offensé par tout ce qui n'est pas soi ? Et pourtant, c'est un mouvement de fond de la contestation dans tous les pays juridiquement libéraux. Par la grâce du concept d'offense, il n'est plus nécessaire de se cultiver – puisque cela revient à s'intéresser à ce qui n'est pas soi –, il n'est plus nécessaire d'arpenter les chemins escarpés de la vie avec l'énergie de la curiosité et la soif de la connaissance, il n'est plus nécessaire de muscler son caractère pour désirer les risques de l'imprévu et du hasard auxquels nous sommes, de toute façon, condamnés. Il suffit d'ouvrir son écran d'ordinateur, de s'indigner, de dénoncer, et de condamner son semblable au pilori en mangeant des chips équitables.

Si le rire naît de la distance entretenue entre le « je » et « *l'autre-qui-est-je-en-mieux* », le rire meurt étouffé dans l'imbrication du « je » et de « *l'autre-qui-est-je-en-pire* ».

Imposée par une société raciste ou revendiquée délibérément par un individu, l'identité est toujours une invention. Et plus les fondements de l'invention sont primaires – religion, origine, sexualité, situation sociale, hérédité, opinion politique –, plus le domaine des interdits prospère.

On peut mesurer la profondeur du problème identitaire et de la criminalisation du rire qui s'ensuit au nombre grandissant de personnes qui se font agresser par un type parce qu'il s'est senti « mal regardé ». On pensait que, sous nos latitudes, ce reflexe animal archaïque, qui pouvait s'expliquer quand un Cro-Magnon regardait un pithécanthrope de travers (je sais, ils ne vécurent ni à la même époque ni dans la même région, mais là n'est pas la question), était en voie de disparition. Pas du tout, il fait au contraire un grand retour. Alerte rouge ! Il n'est pas nécessaire d'être psychanalyste, sociologue, ou visionnaire pour savoir que c'est très mauvais signe. Quand il bénéficie de la solidarité nationale, des congés payés, des 35 heures, de la sécurité sociale, du « pass Culture », des indemnités de chômage, de l'école et de l'hôpital gratuits, le pithécanthrope est prié soit de mettre un minimum de distance entre son cerveau et ses testicules, soit de retourner bouffer des larves de hanneton dans la jungle.

Ce cas extrême et néanmoins fréquent n'est qu'une variation de toutes les identités susceptibles qui foisonnent désormais dans une sphère publique où le rire est devenu un sport à risques.

Beaucoup pensent, ou cherchent à se convaincre, que ce n'est qu'un aspect du problème. Ils ont tort. C'est *le* problème. On mesure la qualité d'une civilisation à l'espace qu'elle laisse au *jeu*, à la distance, et aux plaisanteries qui tournent en dérision ses tabous et ses codes moraux. Il faut aujourd'hui se battre pour que le jeu soit un droit inaliénable. Sans lui, la civilisation se grippe, comme se grippe toute mécanique sans *jeu*.

Dans l'espace privé, par exemple, et dans les rapports sexuels en particulier, le *jeu consenti* autorise les rôles en contradiction avec sa propre morale. Par exemple jouer à ce que l'un soit dominant, l'autre dominé, fussent-ils un homme et une femme, ne doit être jugé que sur le plaisir qu'y prennent les partenaires, et non du point de vue d'une éthique, tout à fait nécessaire en d'autres circonstances, qui condamne la domination masculine – ou féminine, ce qui est plus rare… Si la bonne tenue en société fait l'objet de règles auxquelles tous sont sommés de consentir, les chemins du plaisir et de la jouissance sont en revanche innombrables, ils relèvent d'une improvisation, d'un renoncement à la bonne tenue, il arrive qu'ils soient en contradiction avec nos propres convictions, mais ils sont un jeu qui ne demande le consentement que des participants.

Nous nous acheminons vers un monde où, lorsque des enfants *joueront* aux gendarmes et aux voleurs, les voleurs se feront arrêter par la police à la fin de la récréation.

Le rire, l'humour, la dérision, le mauvais goût, dans une société libre digne de ce nom, doivent pouvoir s'exercer sur tout ce qui est métaphysique, au sens le plus littéral. On doit pouvoir rire *des histoires* qu'on se raconte sur nous-mêmes, sur l'idéal auquel on croit, sur tout ce qui s'ajoute à la réalité, mais qui est sans rapport avec elle. On doit pouvoir rire de Dieu et du diable, et de tout ce qui est sacré. L'enfant doit être éduqué pour accepter que ce qui est sacré pour soi peut tout à fait ne pas l'être pour autrui. Sa personne doit être respectée, non ses croyances, lesquelles, dès lors qu'elles occupent l'espace public, nourrissent des débats, des plaisanteries et des contestations nécessaires. L'identité est toujours métaphysique, elle repose sur une conviction, et non sur l'observation du réel. S'il y a une part d'identité en nous qui nous constitue – langue, éducation, origine –, elle est plus ou moins consciente, *ça* agit en nous, et personne n'a rien à redire à cela.

C'est quand on décide de s'en déguiser, d'en être la caricature, et que l'on décrète qu'elle est sacrée, que l'on devient pénible, lourd, dangereux pour soi et pour les autres.

Lecteur, comme j'aimerais te convaincre. J'ai été tour à tour, et entre autres choses que j'oublie, écolier qui écrivait des poèmes pendant les cours de physique, ouvrier dans une usine de charcuterie, Parisien de la rive gauche, obsédé sexuel, chanteur de cabaret, auteur et comédien de spectacles de café-théâtre, artiste de music-hall, journaliste, philosophe, directeur de France Inter, fumeur, blanc, mâle, écrivain, père, mari, sportif, migraineux, jeune homme libertaire, de gauche, amoureux des chats, des chiens, des animaux, âpre au gain, désintéressé, économe, dépensier, militant anti-corrida, guitariste, lecteur compulsif, courageux, lâche, gentil, méchant, franc, sournois, aimable, grincheux, sociable, solitaire, enthousiaste, sceptique et fidèle à mes affections.

Demande-moi de te répondre sincèrement à la question. Qui es-tu, au fond ? Je ne saurais répondre autre chose que ceci : en ce moment, je suis celui qui cherche son bonheur en se désintéressant de l'énigme indéchiffrable de son identité. Je n'existe que par ce que je suis en train de faire à l'instant présent, c'est-à-dire tenter de t'amuser avec une chose grave. Pour paraphraser un abbé médiéval dont j'ai oublié le nom : j'ignore pourquoi je suis né, j'ignore qui je suis, j'ignore où je vais, j'ignore quand je vais mourir, j'ignore pourquoi je suis si joyeux. C'est un programme ambitieux, mais – parfois à grand peine je l'avoue – j'essaie de m'y tenir. Ai-je assez bien répondu pour gagner ta confiance ? Ai-je été assez convaincant pour être contagieux ? Je le désire, c'est vrai, parce que j'aimerais qu'on soit suffisamment nombreux pour s'amuser ensemble.

26

Les idoles

On a des idoles à tout âge. J'ai deux sortes d'idoles, celles qui m'ont fait rire, et les autres. Avec le temps, j'ai gardé pour les autres une affection teintée de nostalgie, mais ce sont des idoles qui ont perdu leurs vertus magiques. Je les regarde comme des témoignages de mon passé révolu, et lorsque j'ouvre leurs livres ou écoute leurs disques, l'ennui que je ressens mesure à quel point quelque chose en moi a changé irrémédiablement.

En revanche, avec le temps, les idoles qui m'ont fait rire sont devenues toujours plus vivantes, plus admirables, et m'offrent sans cesse quelque chose de nouveau. Au-delà des qualités formelles de leurs œuvres, c'est leur pouvoir d'enchantement et leur humeur contagieuse qui restent vivaces.

On ne rit pas forcément aux choses volontairement comiques. Il s'avère que certaines œuvres atteignent en nous quelque chose d'assez mal défini qui les trouve comiques. Je ne saurais dire pourquoi la musique de Mozart ou les fresques de Giotto font rire quelque chose au fond de moi.

Je devine davantage pourquoi Borges, Balzac, Proust, Villon ou Montaigne me font rire. C'est apparemment plus évident encore pour Molière ou Rabelais, mais plus bizarre qu'il ne paraît. Si je ris aux trouvailles comiques de Molière ou de Rabelais, ils me font rire aussi pour autre chose : pour leur allure, leur style, leur rythme, et pour leur rapidité à atteindre les grandes profondeurs.

Il n'y a pas de hiérarchie dans mes idoles. Toutes habitent le même Olympe dont elles se partagent le sommet au gré de mes humeurs. J'ai parfois de solides désaccords avec elles, mais c'est sans importance en regard du charme sous lequel elles me tiennent. Je n'ai pas pour idoles que des morts célèbres. Mes quelques amis très proches dont l'esprit elliptique m'enchante sont également mes idoles.

Si la plupart des comiques d'aujourd'hui me laissent de glace pour des raisons indiquées dans les chapitres précédents, il y a des exceptions. Par exemple Blanche Gardin, déjà citée, ou Alex Lutz, dont je suis tombé amoureux du film *Guy*. Il navigue avec grâce entre le ridicule, le pathétique, et la réelle sensibilité de Guy, un chanteur vieillissant, ringardisé, mais assurant le show devant son public de vieilles femmes et d'hommes rhumatisants. Ça pourrait n'être que le portrait cynique d'un raté, exécuté par un Alex Lutz qui a réussi. Mais il sort de ce sentier mille fois battu en répandant un révélateur sur toute l'histoire. Guy est suivi et filmé par un jeune documentariste, fruit d'un coup tiré avec une groupie il y a trente ans. Le fils sait qu'il est le fils, le père ignore qu'il est le père. Et Lutz tisse, tout au long du film, la trame d'un rapport père-fils qui restera non dit jusqu'à la fin. À travers cette trame apparaît toute la profondeur du personnage de Guy. Plus le film avance et plus – c'est là sa magie – le comique devient tragique et le tragique comique. Pour se risquer à une telle fragilité narrative, il faut avoir cette grande confiance dans le public, ce qui est la marque des grands artistes.

Dans cette génération, Laurent Lafitte est aussi une de mes idoles. J'admire l'acteur de cinéma et le comédien du Théâtre-Français, mais il y a un Lafitte moins connu – hélas – qui possède un génie comique dissimulé sous ses airs de beau gosse élevé dans les beaux quartiers. Son humour sans limite est servi par une maîtrise rigoureuse de l'art dramatique. Lafitte est un comédien complet qui peut exprimer *physiquement* une gamme de caractères à peu près inépuisable. Lorsque j'étais directeur de France Inter, je suis allé le voir dans un one-man-show qu'il donnait dans un petit théâtre. C'était horriblement drôle. Le sketch du représentant de commerce homosexuel qui va dans une boîte sordide, dans la périphérie d'une ville de province, et qui descend au sous-sol où il doit faire un fist-fucking à un type enchaîné dans une cage, ou sa parodie des stand-ups du *Jamel Comedy Club*, secouaient la salle comme un prunier. Certains, choqués, indignés, ne voulaient pas rire, mais finissaient par se laisser emporter dans des fous rires interminables.

À la fin, j'ai attendu sur le trottoir que Laurent, que je ne connaissais pas, sorte du théâtre, et je l'ai engagé à la radio. Je me souviens très bien de ce que je lui ai dit : « Avec les années, il m'arrive encore de rire au spectacle, mais j'ai souvent un peu honte de rire à de si mauvaises blagues. Pour la première fois depuis longtemps, j'ai pleuré de rire pendant une heure et demie, et je n'ai aucune honte. Au contraire, j'accueille avec bonheur l'effet que tu m'as fait. » J'avais aimé sans réserve. On a mis des mois à mettre au point l'idée de l'émission qu'on rêvait de faire. Il a eu l'idée lumineuse d'associer à notre projet Zabou Breitman, sa digne alter ego pour ce qui est de la liberté, du talent et du culot. C'est ainsi qu'après des mois de préparation on a mis à l'antenne *À votre écoute, coûte que coûte*, qui déclencha un gros scandale. C'est une de mes fiertés de directeur de France Inter. C'était aussi, pour moi, la satisfaction de tenir la promesse que j'avais faite à Cabu de produire sur France Inter une émission digne de *Charlie Hebdo*. Les auditeurs ont été tellement surpris que le premier jour de diffusion j'ai reçu un bon millier de mails d'insultes, la plupart me disant qu'ils trouvaient enfin la confirmation, s'il le fallait, que j'étais une belle ordure. Dans les jours qui ont suivi, lorsque tout le monde a compris qu'il s'agissait d'humour, j'ai reçu beaucoup de mails d'excuses d'auditeurs, lesquels arrêtaient leur voiture sur la route pour ne pas manquer un mot de l'émission. Moi-même, dans mon bureau, à l'heure de diffusion, j'arrêtais toute activité, et j'imposais le silence pour découvrir les sketches que j'ai toujours refusé de lire avant l'émission. Je leur faisais une confiance absolue, ils faisaient ce qu'ils voulaient, c'étaient mes idoles. Et ils le sont toujours.

Laurent a réalisé un film, *L'Origine du monde*, qui est sorti deux ou trois jours avant le premier confinement. Comme on dit, le film a été retiré de l'affiche avant que la colle n'ait eu le temps de sécher. De toute façon, la presse qui l'a vu en avant-première n'a pas aimé cette histoire farfelue d'un type qui doit mourir dans huit jours, sauf s'il réussit à photographier le sexe de sa vieille mère. Ils ont trouvé ça de très mauvais goût, gratuit, facile, et insultant pour les femmes et les vieux. Bref, le petit bonhomme de *Télérama* a fait la gueule.

Pourtant, le jour de la projection à la presse, j'étais également dans le même cinéma des Champs-Élysées ; jamais je n'avais entendu, au cours d'une avant-première, les rires de la salle couvrir ainsi la moitié des répliques d'un bout à l'autre du film. Et à la fin, le public continuait à se gondoler en gagnant la sortie… Pourquoi ? Tout simplement parce que c'est la comédie française la plus drôle et poétique qu'on ait vue depuis très longtemps, bien qu'elle soit de mauvais goût, gratuite, facile, et insultante pour les femmes et les vieux. Mais la critique française est persuadée que la poésie est le monopole d'Aragon et de Saint-John Perse... Elle n'est pas sensible à la poésie qui produit des spasmes. Le film étant sorti la veille de la fermeture de toutes les salles, j'ai cru bon de réconforter Laurent en lui disant que, dans dix ou vingt ans, la même critique découvrirait que c'est un film culte. C'est sa routine.

La liste de mes idoles est trop longue pour les énumérer toutes, mais je ne peux passer à côté du « Maître Yoda » du rire sans m'y arrêter longuement. Par chance, notre époque attristée par le puritanisme est également celle de Ricky Gervais. Au départ j'avais l'idée d'en faire le sujet principal de mon livre. Mais je ne savais pas trop comment m'y prendre. À quoi bon faire un « Ricky Gervais, sa vie, son œuvre » ? Outre le fait que cela doit déjà être fait, la seule chose qui compte, c'est de voir ses spectacles, ses interviews, ses films et ses séries télévisées. On a l'embarras du choix, tout est bon. Dès qu'il apparaît, c'est bon. Et puis, d'une certaine façon, de la première à la dernière ligne de ce livre, je parle de lui. Il est en filigrane dans toutes les pages, en bonne compagnie parmi d'autres illustres farceurs.

Inoubliable présentateur des Golden Globes, clouant de stupeur le parterre de stars en smoking et robe de soirée, il piétine avec un enthousiasme communicatif la frontière entre l'insolence acceptable et le commencement des problèmes. Quand il présente Scarlett Johansson qu'il s'apprête à faire entrer sur la scène, il fait un récapitulatif élogieux des films et des prix prestigieux de l'actrice : « Elle a tourné avec les plus grands, inoubliable dans *Lost in Translation*, dans *Match Point*... et elle est juive. » Silence gêné dans la salle que Ricky observe en souriant innocemment. Il ajoute : « Vous ne savez pas qu'elle est juive ? » Quelques rires un peu forcés dans le public... « Ben... il paraît qu'elle est juive... Voilà. Moi, ça m'est égal ; c'est pour Mel Gibson... En coulisse, il n'arrête pas de me répéter : "Scarlett Johansson, tu sais qu'elle est juive ?" »

Longue explosion de rire dans le public, longue, parce que la blague est une fusée à plusieurs étages. Elle est drôle non pour une seule raison – la révélation faite avec autant d'innocence que de brutalité de l'obsession de Mel Gibson –, mais pour une quantité d'autres raisons qui viennent successivement à l'esprit et qui relancent le rire. C'est d'ailleurs le style de Ricky Gervais, sa marque.

Quand il fait une blague, on éclate de rire et on se dit : « Qu'est-ce que c'est drôle ! » Quelques secondes plus tard, on se dit : « Ah non... c'est trop drôle ! » Un instant après : « Mais c'est énorme ! » Et parfois, il faut mettre sur « pause », le temps de se calmer pour ne pas manquer la suite. Ses blagues sont à tiroirs, mais c'est dans notre tête que s'ouvrent les tiroirs. On rit de plusieurs façons de la même blague, comme un chien se régale d'un os en le tournant dans tous les sens. Ricky amène le public à créer, en quelque sorte, la partie cachée de son spectacle. Il rend le spectateur créatif... Et malheur à celui qui refuse de saisir cette opportunité : le monde de Ricky Gervais lui restera fermé.

Ricky n'est pas à proprement parler *politique*. Il a la seule attitude décente aujourd'hui : sans prêter le moindre intérêt à quelque référence partisane que ce soit, il n'analyse la réalité, ne la commente et ne se détermine qu'en fonction de sa raison et de l'humeur dans laquelle ça le met. Il ne révèle que deux causes pour lesquelles il s'engage : la défense des animaux et *son propre* athéisme.

En matière d'athéisme, il ne prétend à aucun prosélytisme, mais sa mine réjouie et ses yeux étincelants de malice n'en sont pas moins la plus efficace des publicités pour son matérialisme enchanteur. En défendant avec panache son droit à l'incroyance et à la liberté de penser, à l'égal d'un Salman Rushdie, c'est la liberté de tous dont il entretient la flamme vacillante. Avec l'air de ne défendre aucune cause, Ricky Gervais défend la plus nécessaire, la plus dangereuse, la plus vitale pour la condition humaine, la cause du droit de rire jusqu'au fond de l'âme, de s'abandonner au rire incontrôlable, le droit de respirer, ne serait-ce qu'un instant, un air purifié de tout mensonge.

À l'entrée d'une cérémonie hollywoodienne, un journaliste tend un micro à Ricky et lui demande : « Vous dites que vous êtes athée, donc vous ne priez jamais ? — C'est exact, je ne prie jamais », répond Ricky. « Et vous ne trouvez pas que c'est un peu vaniteux de ne jamais prier ? » Alors Ricky de lui expliquer gentiment : « Qui est le plus vaniteux ? Moi qui ne prie jamais, ou celui qui, pour retrouver ses clefs de voiture, prie un dieu qui n'a pas levé le petit doigt pour sauver six millions de Juifs ? »

Il sera beaucoup pardonné à Netflix pour avoir hébergé les stand-ups, les films et les séries de Ricky Gervais. Outre la célèbre série *The Office*, les séries *After Life*, *Derek*, ou les films comme *L'Invention du mensonge*, méritent d'être regardés avec la même attention aux détails que les films de Bergman. Sa manière de filmer les corps et les visages, son propre jeu d'acteur, témoignent à chaque instant de sa connaissance tragique de la comédie humaine. *After Life*, série en trois saisons, raconte les péripéties futiles d'un veuf, journaliste localier dans une petite ville de province. Amoureux de sa femme morte d'un cancer, il est absolument inconsolable, et tous les personnages de la série échouent à lui remonter le moral. Le mystère de cette série repose sur cette question : « Par où Ricky Gervais est-il passé pour parvenir, avec une histoire pareille, à faire une série diaboliquement drôle ? »

De même que beaucoup d'écrivains – comme Borges, Proust ou Balzac – sont illisibles si l'on ne comprend pas qu'ils sont des blagueurs, *After Life* n'est pas supportable si l'on échappe à l'humour philosophique qui sous-tend cette fable qui aurait pu s'intituler *Le Rire et la Mort*.

Il en va de même pour *Derek*, conçu sur le même principe que *The Office*, avec retour régulier des personnages devant une caméra à laquelle ils s'adressent. L'action se passe dans une maison de retraite en province. Elle est dirigée par une blonde un peu enveloppée et très gentille. Elle a embauché, pour l'entretien, un clochard obsédé sexuel, et c'est un autiste d'une cinquantaine d'années, affligé d'un tic nerveux et d'un défaut d'élocution, qui distrait les vieux, dont certains sont gâteux, infirmes ou déments. Ricky joue l'autiste. Lorsque je suis arrivé à la fin du dernier épisode, je ne voulais pas les quitter, je voulais rester avec eux, je ne voulais pas que ça finisse. Sur fond de vieillesse, de maladie et de mort, Ricky Gervais a réalisé un tableau d'une légèreté, d'une frivolité, d'une séduction telles qu'on voudrait vivre dans le tableau, comme il arrive parfois devant une toile de Renoir ou de Bonnard. Plus rarement devant celles de Goya.

Il serait fastidieux de se lancer dans le commentaire de l'œuvre de Ricky Gervais, chanteur, scénariste, cinéaste, comédien, humoriste, philosophe, et déconneur radical. Je veux juste tenter de soulever le voile d'une énigme. En toute logique, Ricky Gervais ne devrait pas exister. Sa liberté est incompatible avec celle qui, à l'heure actuelle, est tolérée aux États-Unis et en Europe. Je me suis souvent demandé comment les œuvres hors norme de Montaigne, Rabelais, Molière ou Shakespeare avaient pu passer entre les mailles serrées de la censure politique, religieuse et morale de leur époque. Les protections dont ils ont bénéficié ne suffisent pas à expliquer le succès de leur vivant et la diffusion de leur œuvre – scandaleuse à tous les titres – profondément blasphématoire et rebelle à toute morale transcendante. Pourquoi le monde tout-puissant des bigots de leurs époques respectives n'est-il pas parvenu à avoir leur peau ? Pourquoi Rabelais, pourtant apostat, bénéficiait-il d'un privilège royal pour publier ses œuvres, contre l'avis même des autorités religieuses ? Pourquoi Louis XIV, quoi qu'il en pensât, préférait applaudir Molière plutôt que de le jeter en prison ? Je me suis posé la même question à propos de la plaidoirie de Richard Malka, au procès des attentats de *Charlie*. Pourquoi le quotidien *Le Monde* l'a-t-il publiée en une alors que, depuis des années, ce journal nous déteste et méprise les idées que nous défendons ? Et pourquoi, désormais, de nombreux médias se battent-ils pour inviter Richard Malka sur leurs plateaux, en contradiction flagrante avec leur ligne éditoriale coutumière ? Et pourquoi Netflix, qui engage des équipes pour rendre ses productions conformes au cahier des charges du wokisme le plus affligeant, diffuse-t-elle les œuvres de Ricky Gervais, lequel défonce avec une efficacité dévastatrice toutes les bigoteries des nouveaux censeurs ?

Mon hypothèse est qu'il existe une force qui pénètre les moindres fissures des prisons idéologiques, morales et religieuses, une force irrésistible qui est un mélange de rouerie, d'apparente naïveté, d'intelligence profonde et d'humeur légère. Cette potion magique s'appelle le *charme*. Les idées de Rabelais, de Ricky Gervais, de Richard Malka ou de Molière sont très excellentes et très précieuses, elles sont d'ailleurs partagées plus ou moins secrètement par beaucoup de leurs contemporains. Mais ce n'est pas aux idées qu'ils doivent leur succès. Au contraire, leurs idées, ce sont précisément leur pire handicap. C'est leur *charme* qui, plus encore que raisonnement et persuasion, emporte l'adhésion. Le public en vient à partager leurs idées *d'abord* parce qu'il se sent bien avec la manière séduisante dont elles sont exprimées. Plus qu'une longue démonstration, c'est d'abord l'agréable étonnement de sourire à la découverte d'une pensée scandaleuse qui emporte l'adhésion. On peut mesurer la justesse d'une idée à la jouissance libératrice qu'elle procure. Il ne s'agit pas ici du petit plaisir narcissique de se voir conforté dans une idée que l'on pensait déjà avant, mais de la séduction inattendue qui agit à l'instant où l'idée se révèle juste. Spinoza ne dit pas autre chose lorsqu'il dit que nous *savons* quand nous avons une idée juste.

Bien que cela soit tout à fait immoral, pénible à admettre, et en contradiction avec toute la tradition philosophique, il faut pourtant s'y résoudre : pour ce qui est des idées, la musique est plus importante que les paroles. C'est la bonne musique, celle qui rend l'idée *épatante* au sens littéral du terme, qui prouve sa justesse. L'idée juste se reconnaît à ce qu'elle ne vient pas s'ajouter à la pile ordonnée des précédentes, mais à ce qu'elle provoque une merveilleuse perturbation dans l'ordre de nos pensées. Elle fait souffler l'alisé bienfaisant du scepticisme dans les voiles encalminées des certitudes. Elle rend vivant.

Y a-t-il une recette du charme ? Ricky Gervais a-t-il une formule pour faire rire dans le monde entier au sujet de choses dont le monde entier affirme qu'il est mal de rire ? Lecteur, je comprends ton impatience d'une réponse pratique. Hélas non, il n'y a pas de recette. Pourtant, cette hiérarchie sulfureuse qui place le charme avant les idées n'est pas fortuite. C'est parce que l'esprit est « charmant » qu'il découvre la justesse d'une idée. Elle doit être adéquate à sa joie de vivre, à son éthique soucieuse de ne jamais laisser passer une occasion de jouir d'une vie dont la perspective ultime est la mort, le néant, et l'adieu déchirant à tout ce que l'on aime.

Si le tempérament, les hormones, les gènes, la santé, le système nerveux, les traumatismes de la vie, jouent un rôle dans la capacité de charmer de chacun d'entre nous, et s'il n'y a pas de recette pour le charme, il existe néanmoins un *travail* pour y parvenir. Tous n'y réussiront pas, mais sans ce *travail*, aucun n'y est jamais parvenu. Il n'y a pas de charme sans désir de charme, il n'y a pas de bonheur sans la claire volonté d'être heureux plutôt que malheureux, il n'y a pas de joie de vivre sans la décision pratique de parvenir à l'éprouver par tous les moyens. C'est une discipline.

Charmer demande l'effort méthodique de trouver quelque chose à aimer, y compris, si c'est possible, dans ce qui nous rebute. Le charme dépend de la capacité de ressentir un *amour général*, dépourvu de toute niaiserie, loin de tout bon sentiment altruiste, loin de toute charité, un amour sauvage du réel, patiemment cultivé, et sans cesse rappelé à la conscience. Car le naturel est à la détestation, à la jalousie de qui possède ce que l'on croit mériter et que l'on n'a pas, à la critique maladive du prochain, laquelle nous place dans une position de supériorité toxique. La vraie supériorité consiste à survoler avec amour la face totale de l'univers, et c'est à partir de cette altitude où règne la légèreté que s'expriment la critique ravageuse, la lucidité cruelle, le jugement scandaleux, lesquels, au lieu d'être marqués au fer du ressentiment, se présentent couronnés d'une humeur allègre.

En visionnant les spectacles et les films de Ricky Gervais, on perçoit très vite ce qui le différencie et le met à cent coudées au-dessus de ses collègues les plus talentueux. On ne peut douter un seul instant que la singularité de son génie découle d'un amour philosophique du *réel*, au nom duquel il massacre ce qu'il déteste.

Ricky Gervais est un tragédien qui a choisi la comédie. Dans la tragédie, le bien et le mal sont deux absolus qui luttent à mort, et quand le bien triomphe, il est l'unique survivant du champ de bataille. Dans la comédie, le bien et le mal sont deux points de vue qui s'opposent, et à la fin, si par bonheur le bien triomphe, le mal se relève quand même pour saluer avec lui. Ils savent qu'ils ne seraient rien l'un sans l'autre. C'est pourquoi, contrairement à ce que croient la plupart des critiques, sur l'échelle de complexité, l'art de la comédie est une forme supérieure de l'art de la tragédie. Ricky Gervais est un des derniers descendants vivants d'Ernst Lubitsch. On ne peut qu'approuver les luttes contre le réchauffement climatique et pour la biodiversité ; elles sont sans aucun doute vouées à l'échec si, dans le même temps, nous ne luttons pas contre la disparition de cette espèce d'oiseau qui rend la planète respirable.

27

Oui, c'est à toi que je parle

Lecteur·rice, si tu t'apprêtes à lire ce vingt-septième chapitre, si mon livre n'est pas déjà dans ta poubelle, dégoulinant de vieille mayonnaise entre des restes de frites et des arêtes de poisson – tu es amateur·rice de *fish and chips* ? – si mon livre est encore entre tes mains en dépit de ses démonstrations laborieuses, de ses digressions hasardeuses et de ses raccourcis épuisants, c'est qu'en fouillant dans mon désordre, tu as trouvé mon idée. Tu as l'intuition que cette idée t'intéresse, qu'elle te concerne des pieds à la tête en passant par l'appareil génital et tout ce qui le relie au cerveau. Quand je réfléchissais à ce livre et que j'en parlais à des amis, ils me disaient : « Vas-y, c'est un bon sujet. » C'est aussi ce que m'a dit mon éditrice, Muriel Beyer, dont la pertinence et la franchise ont toute ma confiance. Mais je n'étais pas tout à fait d'accord avec eux. Je ne considère pas que la question du rire est *un* bon sujet. C'est *le* sujet. Ce qui rend possible le rire dont il est question ici, c'est également ce qui rend possible la liberté dans une société, quel que soit son régime. La liberté parvenait de temps en temps, sous la monarchie absolue, à se frayer des chemins qui lui ont été barrés sous la République, et réciproquement. Je ne parle pas de la grande liberté qui fait claquer les drapeaux, mais de la liberté que le corps humain parvient, çà et là, à conquérir.

Le rire, c'est la *base* sans laquelle toutes les constructions morales, politiques, religieuses, philosophiques, finissent inéluctablement en siège social d'une entreprise criminelle. Ce constat sous-entend une conception politique du rire, en quelque sorte. Si tel était le seul propos de mon livre, tu l'aurais déjà refermé. Tu t'entêtes à en poursuivre la lecture parce que tu as compris que c'est un sujet décisif dans ta vie personnelle.

Il y a un malentendu avec la psychanalyse. Le philosophe Clément Rosset – très illustre et très regretté rieur –, dans *Logique du pire*, remarque qu'une psychanalyse réussie ne dépend pas tant d'une révélation que l'on a réussi à extirper de l'inconscient que d'une chose que l'on sait, mais qu'on n'a jamais verbalisée. Par exemple, après avoir longtemps bafouillé sur le divan, quelqu'un peut en arriver à formuler à haute voix ce qui le hante silencieusement depuis le début : « C'est pour obéir à une autorité fantomatique que je consens à vivre une vie sans joie alors que j'ai toujours rêvé de m'amuser. » Le fait de le verbaliser, ou, comme le métaphorise Rabelais, de faire *dégeler* les paroles, c'est reconnaître enfin son évidence à la réalité. Tomber d'accord avec soi-même, que demander de plus à la psychanalyse ? Le reste est un luxe que seuls les plus fortunés peuvent se permettre en multipliant les séances.

Or mon livre vise à réchauffer ton rire gelé pour qu'il résonne dans l'air. Le grand hypnotiseur social te dit : « Tes paupières sont lourdes, tu t'endors, et maintenant tu vas m'obéir, et je vais te dire ce qu'il est bien ou mal de penser et de faire ». On a le choix entre vivre sous hypnose ou se dégourdir les jambes dans le monde réel. La question n'est pas de savoir si les valeurs et les vertus que défend le grand hypnotiseur social sont bonnes ou mauvaises. La question est de savoir où les placer dans la hiérarchie des valeurs. C'est *le* sujet. L'Église met tout en haut les trois vertus théologales, la foi, l'espérance, et la charité. Pour la chevalerie, c'était la vaillance, le courage et la fidélité. Pour l'islam, la soumission, la piété et le sens du sacrifice. Pour la République, la fidélité à la raison, le patriotisme et le civisme. Pour tout un chacun, l'honnêteté, la franchise, la générosité… Chacun, selon sa sensibilité, peut accorder à l'une de ces vertus d'être la première, dont, si possible, découleront les autres. Et c'est précisément ce que mon livre conteste radicalement.

Si cher que je puisse en payer l'aveu, je tiens que la fantaisie, la légèreté et la frivolité sont des vertus supérieures à toutes les autres. Non que les autres soient à jeter, je ne me prononcerai pas là-dessus, mais sans la primauté de la fantaisie, de la légèreté et de la frivolité, toutes les vertus, si grandes soient-elles, puent.

Pour peu qu'on se rende à cette évidence – que nous avons tous les jours sous les yeux, mais que l'on cache sous le paillasson d'une hiérarchie des valeurs qui n'est que la crainte de jouir d'une bonne santé philosophique –, c'est tout le rapport au monde qui en est bouleversé.

Les héros véritables, célèbres ou anonymes, dotés de courage, d'honnêteté, de droiture et autres vertus, ne méritent notre admiration qu'à la condition que la conséquence de leur action ait été notre droit de vivre avec légèreté, frivolité et fantaisie. Tous les autres héros vertueux sont des monstres qui empoisonnent l'existence de leurs semblables.

À l'usage de ceux que leur myopie égare dans les ténèbres – les autres peuvent sauter ce paragraphe –, schématisons à l'extrême et prenons le cas limite d'Hitler. C'était un héros. Il est parti d'un bar de poivrots bavarois pour devenir maître de l'Europe. Il était fidèle à son idéal, à son chien, au végétarisme, à son combat pour une race allemande non génétiquement modifiée, pour un monde sans microbes, sans virus, sans désordre… Bref, si l'on additionne ses vertus, le résultat donne un excellent bilan carbone. Si, finalement, Hitler s'est révélé être le plus grand assassin de l'esprit européen, des Juifs, des homosexuels, et autres décadents – qui, comme vous et moi, ne supportaient pas la musique de Wagner –, c'est parce qu'aucune de ses grandes vertus n'était subordonnée ni reliée par le moindre fil à l'autorité supérieure de la légèreté, de la fantaisie et de la frivolité. Quiconque est pathologiquement privé de ces vertus est un monstre en puissance. C'est ce que – voir plus haut – Lubitsch prend le risque de dire dans *To Be or Not to Be.*

S'il est inutile de grimper jusqu'au sommet de l'horreur du nazisme pour s'en convaincre, il est malgré tout nécessaire de constater jusqu'où peut mener la gravité, le sérieux, l'emphase, et ce dandysme de tous les vaniteux qui consiste à juger des choses en « prenant de la hauteur ». Prendre de cette hauteur-là, c'est se rendre étranger à l'essentiel, à la réalité de ce que chaque individu ressent dans sa vraie vie. On ne juge bien qu'en descendant des hauteurs pour observer de près la condition humaine dans sa quête laborieuse du bonheur.

Pour s'en convaincre, en ces temps où la Russie impériale et asiatique tente d'écraser l'Ukraine patriote et européenne, écoutons la voix de la raison des experts qui balaient d'un revers de manche plus ou moins compatissant l'écrasement de la liberté humaine, parce que *ce n'est pas l'essentiel.* Au nom d'une doctrine géopolitique qui est la bonne pour l'unique raison qu'elle est la leur, ils nous exhortent avec la plus profonde gravité à « prendre de la hauteur » et à arrêter d'énerver Poutine en livrant des armes aux Ukrainiens. Oui, certes, bien sûr, évidemment, je vous l'accorde, cher ami, Poutine n'a pas raison sur tout, mais il faut le comprendre et s'entendre avec lui pour parvenir à une « paix négociée ». Ces experts sont les stations-service où l'extrême gauche et l'extrême droite, *parce qu'elles partagent exactement la même politique étrangère*, se donnent rendez-vous pour faire leur plein d'arguments. Puisque cette doctrine pré-collaborationniste et capitularde a déjà fait ses preuves en provoquant la débâcle de 1940, en la répétant, il n'est pas irréaliste d'espérer contribuer à la débâcle de l'Europe au XXIe siècle…

Ont-ils observé des enfants jouant dans un square sous le regard de leurs parents ? Comment tuer à tout jamais la gaîté, la bonne humeur et l'insouciance, censées être les attributs de l'enfance et les plus précieuses conquêtes de l'adulte ? Comment planifier l'irréparable ? La blessure inguérissable ? Comment l'imaginer et la mettre en œuvre ? En déportant des enfants. C'est ce que fait Poutine. Il les arrache à leur famille et ils disparaissent, on ne sait où. Dans des orphelinats militaires, dans des camps, dans des fermes où ils doivent nettoyer la merde et prendre des coups. D'un côté des enfants martyrisés, de l'autre des parents à tout jamais pris dans l'étau de l'angoisse.

Il est bien entendu, pour ce qui concerne le passé, que l'arrestation des enfants ajoutait à l'horreur de la rafle du Vél' d'Hiv. Le chœur des consciences européennes a chanté à l'unisson « plus jamais ça ». Mais le « cri du chœur » n'a plus ni queue ni tête quand il précise : « Plus jamais ça dans le passé, mais, pour ce qui concerne le présent, faut voir… »

Ce « faut voir », c'est la baudruche publicitaire qui vante les bienfaits du crime contre l'humanité. On n'argumente pas contre une baudruche, on la crève en lui riant au nez.

Ce « faut voir », c'est l'avant-garde des assassins du rire, des persécuteurs de la légèreté, des censeurs de la fantaisie. Lecteur, si tu es encore là, c'est que tu as compris que ce « faut voir » te concerne. Qui d'entre nous, un jour ou l'autre, n'a pas envisagé des renoncements aberrants en se disant « faut voir », pulsion du joueur dostoïevskien qui sommeille en nous, et qui s'entête à jouer pour perdre ? Il n'est pas toujours facile d'y résister. Pourtant, il y a une méthode. Face à une situation cornélienne, à chaque fois que la petite voix qui murmure « faut voir » nous pousse vers une issue qui implique un sacrifice éthique, on doit se poser la question : une fois le sacrifice accompli, pourrai-je retrouver un jour ma joie de vivre, ma curiosité du monde et ma fantaisie ? En cas de réponse négative, je renonce sans hésiter au sacrifice.

Le cas serait différent si je devais sacrifier ma vie pour sauver ce que j'aime le plus au monde. N'en trouverais-je pas le courage que le reste de ma vie en serait irrémédiablement gâché, tandis que mort, la qualité de ma vie n'est plus un problème. Admettons qu'il est plus facile de le savoir que de s'y résoudre. Néanmoins, tout vaut mieux qu'une tristesse chronique et définitive, y compris la mort. C'est pourquoi le courage, qui est une grande vertu tragique, n'est pourtant que le moyen d'accéder à la légèreté, qui est la vertu suprême. Mais, avoue, lecteur, que je ne t'apprends rien. Je ne fais que dire tout haut ce que tu te maudis de savoir sans le dire. C'est le rôle ingrat des philosophes que de tendre l'impudent miroir des mots aux pensées qui te fuient.

28

La promenade Rabelais

Hugo, qui s'y connaissait en gigantisme, écrit dans *Les Contemplations* :

> Et voilà les prêtres du rire,
> Scarron, noué dans les douleurs,
> Ésope, que le fouet déchire,
> Cervante aux fers, Molière en pleurs !
> Le désespoir et l'espérance !
> Entre Démocrite et Térence,
> Rabelais, que nul ne comprit ;
> Il berce Adam pour qu'il s'endorme,
> Et son éclat de rire énorme
> Est un des gouffres de l'esprit !

Rabelais fait partie de ces quelques auteurs légendaires qui donnent leur nom aux rues et aux édifices des pays où ils ont vu le jour. Hélas ! les lecteurs de Rabelais semblent moins nombreux que les clients des bistrots, des gargotes et des tavernes dont les enseignes en fer forgé déprimant représentent un des personnages joufflus et rougeauds de la saga rabelaisienne.

La plupart des clients de La Gargamelle, du Grandgousier ou du Gargantua n'ont jamais ouvert et n'ouvriront jamais un livre de Rabelais. En revanche, un restaurant qui s'appelle La Gargamelle aura peu de chance d'attirer un lecteur de Rabelais. Son premier mouvement sera d'être rebuté par une enseigne qui prend au pied de la lettre la métaphore rabelaisienne de l'abondance de nourriture grasse arrosée d'hectolitres de vinasse engloutis par des pochtrons qui pètent et rotent en se grattant les couilles. L'héritage populaire de son œuvre confond le « bon vivant » et le « bien vivant ». On peut le regretter, mais c'est mieux que rien. Même mal comprises – comment *bien comprendre* Rabelais ? –, les références omniprésentes aux personnages de ses livres – Panurge, Pantagruel, Frère Jean, Épistémon, Picrochole, etc. – sont les répliques étonnantes du tremblement de terre rabelaisien, lequel a secoué l'esprit européen il y a cinq siècles.

En Europe, que l'on soit savant ou illettré, l'écriture de nos vies est un palimpseste sous lequel se déchiffrent toujours l'*Iliade*, l'*Odyssée*, la Bible, les philosophes présocratiques, Platon, Aristote ou Lucrèce, et autres grands explorateurs du labyrinthe où les ailes de l'esprit jouent avec le minotaure des pulsions. D'autres civilisations ont eu d'autres matrices.

J'avoue mes connaissances plus que lacunaires des traditions littéraire et philosophique chinoise, japonaise, ou arabe. Si j'ai ressenti de l'admiration et du plaisir à la lecture des taoïstes, de *Jing Ping Mei*, de Matsuo Bashō, si *Les Mille et Une Nuits* sont une merveille de fantaisie et d'humour transgressif, il semble que chez eux, l'arme du rire, pourtant aussi puissante que poétique, ne soit pas parvenue à ébranler durablement les épaisses murailles féodales de leurs civilisations. Pour ce qui concerne la Perse, dont la richesse en la matière est immense, les choses sont un peu différentes. Les échanges, tour à tour guerriers, culturels, religieux, avec la Grèce antique et avec notre Moyen Âge, font de la Perse une contributrice décisive, mais malheureuse, de la civilisation européenne. Son islamisation lui a interdit de profiter du « rire philosophique » que nous devons à ses savants et à ses poètes. Ses Rabelais – ses Khayyām, ses Hafez, ses Avicenne, contempteurs de la magie et amoureux du savoir – se sont heurtés à une métaphysique plus résistante que la nôtre.

Dès Homère, nos dieux sont confrontés à une réalité humaine turbulente, défiante, et moqueuse. Après Rabelais, Nietzsche a rallumé l'éclat de rire solaire avec lequel la philosophie grecque éclaire les nébulosités de la transcendance. Si le christianisme a promu les vertus de la souffrance et du sacrifice pour faire prospérer son office de guérisseur d'une l'humanité *forcément* malade, il a dû composer avec la bonne santé, la bonne humeur et l'insolence des esprits curieux, éternels passagers clandestins de notre histoire intellectuelle. C'est le thème du roman d'Umberto Eco, *Le Nom de la rose*, enquête sur le traité perdu d'Aristote sur la comédie. Si l'obscure scolastique médiévale a fait son miel de la physique d'Aristote, des idées platoniciennes et des Évangiles, elle redoutait la lumière de leur pays d'origine, phare d'une sensualité non coupable, du rire profane et d'une curiosité blasphématoire.

Dans la civilisation européenne, le rire dépouille la réalité de ses oripeaux transcendants, et une fois qu'on a ri, le mal est fait. On n'oublie pas ce qu'on a vu nu. Le rire est le bélier qui frappe les murs du monastère, et par les fissures qu'y laisse le scandale, c'est l'art et la science qui pénètrent.

Rabelais est un helléniste qui surgit du Moyen Âge et retourne le sablier au fond duquel le savoir solaire et la joie de vivre attendaient leur revanche. Si les historiens s'accordent à voir dans la Renaissance le théâtre d'un retour à l'esthétique et à la pensée antiques, Rabelais en est l'acteur le plus radical.

Au mépris de toutes les règles du genre, son récit arpente une route incongrue, intempestive, incohérente. Il « colle » à la vie, dans ce qu'elle a de plus organique : Panurge est séduisant, drôle, cruel, décevant, amoral, c'est un punk cinq siècles avant la lettre. La trame romanesque de Rabelais est *fidèle au hasard*, brutalement décrassée de ses causes transcendantes et d'un quelconque but métaphysique. À quelques exceptions près, tous les grands auteurs des siècles suivants vont trouver chez lui un passeport pour la liberté créatrice. Il va leur servir de modèle, d'alibi. Ils se défendront de leurs outrances en l'évoquant. Balzac, en affirmant que *le hasard est le plus génial des romanciers*, rend hommage à Rabelais.

Pisser du haut des tours de Notre-Dame est évidemment passible de tous les châtiments. Mais comme c'est un géant – c'est-à-dire un personnage imaginé – qui accomplit l'outrage, l'Église a beau accuser Rabelais d'hérésie et interdire le *Tiers Livre*, l'interdiction reste lettre morte. Le roi et sa sœur, Marguerite de Navarre, admirent Rabelais. Il bénéficiera du fameux privilège royal l'autorisant à publier ses œuvres.

Rabelais est le héraut du droit à la fiction. Il met au défi les fictions religieuses et juridiques de trouver des arguments audibles contre la fiction romanesque. Il légitime toutes les outrances que l'art doit pouvoir se permettre pour offrir au présent l'éternité qui lui manque si cruellement. Sans le droit à la fiction dans sa loi fondamentale, tout régime est une prison dont l'activité principale est d'édifier des prisons concentriques où croupissent les artistes, les savants, et la liberté qu'ils incarnent.

L'itinéraire idéal des personnages, dont Rabelais propose le modèle au lecteur, est celui d'une promenade savante et burlesque. Pour arriver au but – l'oracle de la Dive Bouteille, qui, finalement n'a rien d'autre à dire que « trinque ! » –, on va n'importe où, on dérive, on apprend, on s'amuse, on fait naufrage, on festoie, on philosophe, on vit, on meurt sans compter, car la vie n'est épuisable que par la mort qui la clôt irrémédiablement.

On parle de l'essor de l'art, du droit, de la philosophie et de la science au ve siècle av. J.-C., comme du « miracle grec ». Mais on oublie que le miracle, malgré des tunnels d'obscurantisme et de barbarie, n'a jamais cessé de s'accomplir depuis. La médecine, la physique, la biologie, la psychologie, la génétique, et tous les arts de l'Europe judéo-grecque n'ont jamais cessé de perpétuer le miracle grec. C'est que, plus fort encore que le goût de l'ordre, le goût de la domination et le goût de la transcendance, le goût de la vie – entretenu par la culture du rire étonné face au dévoilement du réel – parvient toujours à surpasser les autres.

Contre la porte de l'ignorance qu'entrebâille le goût de la vie, Rabelais entasse des piles de savoirs encyclopédiques pour l'empêcher de se refermer. Comme on met des baffes à une personne évanouie pour la réveiller, tout est bon pour maintenir en vie la vie : la paillardise, la vulgarité, l'érudition, la finesse, les gros sabots, la cruauté, la bonté, le blasphème, l'apostasie, l'hérésie, la caricature, la beauté, etc. Contrairement à ce que racontent bien des commentateurs, il n'y a ni « mystère » Rabelais, ni une somme de « clefs » qui donnerait soudainement un tout autre sens à l'œuvre. La seule clef est dans le nom de l'abbaye que Gargantua offre à Frère Jean. *Thélème* en grec, signifie « volonté ». Mais le code n'est pas bien mystérieux puisque la devise – « Fais ce que tu voudras » – le déchiffre aussitôt. Tout Rabelais est là. Si ton esprit est assez éduqué pour combattre tes mensonges intimes et les croyances qui étouffent la joie de vivre, alors fais – *vraiment* – ce que tu veux – *profondément*. Thélème est la métaphore de l'Europe rêvée par les humanistes de la Renaissance : une abbaye de la volonté de vivre.

Nul carcan idéologique n'encadre la volonté rabelaisienne. Comme Montaigne, un demi-siècle plus tard, préconisera l'allure à sauts et à gambades, légère, volage et démoniaque, c'est de l'art de la promenade que se nourrit cette volonté.

Sans Rabelais, sans ses innombrables ascendants depuis Homère, et sans ses non moins innombrables descendants savants et artistes, jamais notre civilisation n'aurait découvert tant de remèdes à la douleur et à la maladie, jamais elle n'aurait allongé la vie comme elle l'a fait, et inventé tant de merveilleuses sources d'ivresse physiques, intellectuelles et artistiques.

De mémoire humaine, le monde a toujours été menacé d'apocalypse. Rabelais, à travers les siècles, nous rappelle que c'est l'étincelle du rire qui réveille la *volonté de vivre*, et que c'est elle qui, sans cesse, à chaque instant, nous rappelle que, tant que Panurge hésite à se marier, l'histoire continue.

29

Charlie Hebdo

Qu'est-ce qui pouvait bien pousser un lycéen de la fin des années soixante à acheter *Hara-Kiri Hebdo* tous les mercredis ? Plus que les idées politiques, pas toujours très claires, c'était le ton grossier, libre, marrant, mal élevé, choquant, et les dessins qu'on ne trouvaient nulle part ailleurs, qui, sans aucun doute, me séduisaient. *Hara-Kiri Hebdo* était un journal confidentiel, réservé aux amateurs, en quelque sorte. Nous n'étions qu'une vingtaine de milliers à l'acheter, ce qui était très peu pour un hebdomadaire dans la France de cette époque.

Et puis le général de Gaulle est mort. « Le général de Gaulle est mort. La France est veuve. » C'est ainsi que le président Pompidou annonça la nouvelle aux Français, lesquels, toutes opinions confondues, étaient sous le choc. La disparition du Général, entré vivant dans sa légende, malgré son grand âge, a rempli le monde de stupeur. Huit jours auparavant, une discothèque populaire, le 5-7, de Saint-Laurent-du-Pont, avait brûlé, et cent quarante-six jeunes étaient morts dans l'incendie. Le « bal tragique » faisait la une de tous les journaux. Et le mercredi suivant l'annonce de la mort du Général, *Hara-Kiri Hebdo* avait osé titrer « Bal tragique à Colombey : un mort ». Scandale. Interdiction du journal par le ministre de l'Intérieur. Et malgré l'indignation, éclat de rire énorme, suivi parfois d'un hypocrite : « Non, cette fois-ci, ça va trop loin. Merde, c'est quand même le Général… »

Au lendemain de l'interdiction, l'équipe du journal a fait une réunion publique pour annoncer que, dès le mercredi suivant, ils lanceraient un nouveau titre : *Charlie Hebdo*. Le petit groupe de presse éditait déjà un *Charlie Mensuel* que dirigeait Wolinski, dédié à la bande dessinée, et dont le nom était un hommage au Charlie Brown du dessinateur Schulz, créateur des *Peanuts*. Mais *Charlie Hebdo* était aussi une insolence, par son allusion plus ou moins volontaire au prénom du Général.

Étrangement, une bonne partie de la presse « sérieuse », dont *L'Express* de Françoise Giroud – l'hebdo le plus important de l'époque –, a soutenu *Charlie Hebdo* et son équipe. D'ailleurs, trente-six ans plus tard, alors que la grande Françoise n'était plus là, *L'Express* fut encore le seul journal à nous soutenir lorsque nous avons publié les caricatures de Mahomet.

Le lecteur, puis le directeur de *Charlie Hebdo* que je suis devenu, s'est parfois demandé ce qui m'attachait aussi profondément à ce journal dont je ne partageais pas toujours les embardées ni les foucades politiques de certains de ses collaborateurs. Dans sa marmite matricielle, on trouvait du compagnonnage avec tout le fatras de la gauche d'après-guerre, du communisme, de l'anarchisme, du nihilisme, de la franc-maçonnerie, du pacifisme, de la libre pensée, de l'écologie, et une incorrigible fantaisie qui sauvait tout le reste parce qu'elle dominait et mettait tout le monde d'accord. C'est celui qui provoquait le plus gros éclat de rire qui emportait la décision. C'est sans doute la raison pour laquelle Françoise Giroud voyait dans *Charlie* un phénomène unique dans la presse française. Bien des années plus tard, Yves Thréard, pourtant dirigeant d'un *Figaro* très éloigné du style de *Charlie*, me confiait : « Le mercredi, quand je vois *Charlie Hebdo* dans les kiosques, je sais que je vis toujours dans une démocratie. »

Quel était ce rusé génie qui faisait que des gens avec lesquels *Charlie* se montrait pourtant parfois féroce lui témoignaient estime et affection ? Qu'avait *Charlie* que les autres n'avaient pas ? Et pourquoi mon attachement indéfectible à ce journal ? Son rire tragique. C'est le seul journal de la presse française qui rit avec la mort. Même lorsque des personnalités aimées de la rédaction sont mortes, comme Gainsbourg ou Reiser, le dessin de une était toujours une grosse blague. À la mort de Reiser, la couverture était un cercueil qui avançait debout sur deux petites jambes tout en criant « Olé », et la légende disait : « Reiser va mieux, il est allé au cimetière à pied ». Et c'était signé « Reiser ». Rire avec la mort, c'est la signature de *Charlie*, sa philosophie profonde et sa raison d'être. Le deuil, le drame doivent être immédiatement utilisés comme matière première d'un sursaut de vie scandaleux, d'un rire vivace, comme une mauvaise herbe qui surgit, première manifestation de la vie, quand tout s'est effondré. Si l'on ne comprend pas que *Charlie Hebdo* est le lointain héritier de Villon – dont le *Testament* est un chapelet de blagues de mauvais goût qui rythment le drame de sa vie –, de Rabelais et de Molière dont la matière du rire est toujours tragique, on ne peut en saisir le charme. Il n'y a pas de rire qui vaille sans la difficulté de vivre et de mourir qui le nourrit.

Le rire de *Charlie* est par nature scandaleux parce que le rire est scandaleux. Les victimes des attentats de janvier 2015 l'ont payé de leur vie. Les millions de personnes qui ont défilé le 11 janvier – contrairement à ce qu'a prétendu Emmanuel Todd qui, du haut de sa pile de diplômes universitaires, a vu en eux une petite bourgeoisie chrétienne menacée dans son identité – ont simplement envoyé ce message au monde : « Si on ne peut plus rigoler, alors tout est foutu. »

La plupart des gens ignorent quelle liberté il faut déployer, quelle confiance il faut avoir dans autrui, quelle éreintante volonté de vivre il faut cultiver, quelle passion impénitente de la fantaisie il faut avoir, pour faire jaillir l'étincelle du rire quand Tartuffe a éteint la lumière. Sur le coup, les apeurés, les faibles, les opportunistes sont nombreux à dire : « Non, ça va trop loin, ça ne se fait pas… » Mais le lendemain, les mêmes, hypocritement, ne sentent-ils pas qu'ils respirent mieux ? Combien, parmi ceux qui ont doctement justifié le châtiment des amuseurs, rêvent en secret de partager leur insolente gaîté ? Ils sont les assassins de l'esprit européen. Ils se sont toujours trompés. Ils ont adhéré aux pires monstruosités au nom d'un ordre supérieur né de leur phobie d'un hasard dont ils ne supportent pas l'idée qu'il finira par avoir leur peau. En attendant, ils se bercent de l'illusion que la mort des autres leur donne raison. Ils sont le peuple du ressentiment. Ils veulent tuer le rire, parce que le rire les tue.

30

L’esprit européen

Imaginons une scène devant l’entrée de la grotte Chauvet, il y a trente mille ans. La tribu est assise en rond autour du feu en train de déguster un pot-au-feu d’aurochs. Roaark est le boute-en-train du village. Tout doucement, par derrière, il s’approche d’Uruuk, un gros gourmand qui mange en émettant de grand slurps. Rooark lui file un coup de massue sur la tête, la tête d’Uruuk disparaît dans sa gamelle, et le pot-au-feu se répand sur son short en peau d’ours tout neuf. Hilarité générale. Pourquoi ? Deux raisons. D’abord le coup de massue par derrière est très amusant, ensuite l’indignation d’Uruuk découvrant son short en ours maculé de bouillon gras est désopilante.

Une troisième raison plus obscure a pu déclencher le rire. Celui qui vient d’un « c’est à Uruuk et pas à moi que c’est arrivé… » plus ou moins avoué. Cet humour primitif a survécu à tout, sous toutes les latitudes. C’est le rire de nos frères les brutes.

Au siècle dernier, l'ethnologue Colin Turnbull a étudié les mœurs des Iks, une ethnie nomade du nord de l'Ouganda. Déplacés dans des zones arides, affamés, persécutés, les Iks, pour survivre, en étaient réduits à se conduire non pas comme des bêtes, mais comme des êtres humains animalisés, ce qui est bien pire. De ma lointaine lecture de Colin Turnbull, je me souviens d'une scène qui m'a longtemps hanté. Les enfants tiraient et poussaient un aveugle jusqu'à le faire chuter dans une fosse pleine d'immondices, sous les rires et les applaudissements du reste de la tribu. Ce rire obscur, ce rire de la vengeance contre son propre naufrage moral, on le trouve encore chez Baudelaire dans le poème en prose *Le Mauvais Vitrier*. Le narrateur voit passer dans la rue le vitrier ambulant encombré de ses fragiles feuilles de verre. Il l'appelle, le fait monter jusqu'à son sixième étage pour l'insulter parce qu'il n'a pas de vitres jaunes, rouges, bleues, qui lui feraient voir le monde sous des couleurs plus belles. Il le chasse. Et lorsque le vitrier sort de l'immeuble après la périlleuse descente d'escalier, il lui balance un pot de fleurs qui le fait tomber et brise toutes ses précieuses vitres.

Et Baudelaire de conclure : « Ces plaisanteries nerveuses ne sont pas sans péril, et on peut souvent les payer cher. Mais qu'importe l'éternité de la damnation à qui a trouvé dans une seconde l'infinie jouissance ? »

Le rire de la haine, le rire criminel qui dit tout du rieur et rien de l'objet du rire, le nazisme inventeur des camps de la mort en a planté l'éclat misérable dans le cœur de l'Europe. C'est le rire qui fait abstraction de l'existence et de la nature de l'autre. C'est le rire du terroriste, du tortionnaire, le rire du violeur, le rire de Poutine qui déporte des enfants par milliers, le rire fier de sa férocité, de son ignorance et de son mépris de l'autre. C'est le rire du harcèlement si adéquat à nos modernes réseaux sociaux. C'est le rire de celui qui se convainc qu'il est quelque chose – missionné, tout-puissant, démiurge – et que ce « quelque chose qu'il est » l'autorise à accomplir l'infamie. Plus le temps passe, plus ce rire est sans excuse, parce que c'est le rire qui feint d'ignorer qu'il y a eu Auschwitz. Et les grands artistes, les esprits libres, ceux qui dansent avec élégance au bord du vide, savent à quel point la frontière est ténue entre le rire ravageur du surhumain et le rire cynique de l'inhumain.

Une lecture attentive de Nietzsche révèle que la question du rire est au cœur de sa philosophie. Nietzsche, au contraire de la plupart de ses confrères qui sont des sociologues, est un psychologue des profondeurs. C'est le philosophe de l'humeur. Ou plutôt de la bonne humeur. C'est faire un lourd contresens que de croire qu'il voit dans le rire une manifestation tragique qui s'ajoute au tragique. Au contraire, le rire nietzschéen est la conséquence d'une domination de la tristesse par la volonté et la jouissance de savoir. Qu'on l'aime ou qu'on le conteste, on admet généralement que Nietzsche est un génie. Mais en quoi, au fond, l'est-il ? Parce qu'il est un philosophe allemand fasciné par Rabelais. Il a osé dénier sa profondeur au sérieux allemand pour en faire l'attribut de la gaîté européenne. Nietzsche précède Freud à coups de timbales, en ce sens que sa philosophie chante un *Übermensch* dont la liberté a tout d'une psychanalyse réussie. Ce n'est pas de la résolution illusoire de l'enquête qu'il jouit, mais de l'enquête elle-même et de l'incessante approche d'une résolution qui n'est qu'approchable. C'est le paradoxe de Zénon : la flèche s'approche indéfiniment de la cible, mais sans jamais pouvoir l'atteindre. Et c'est dans ce sursis avant l'atteinte qui n'adviendra pas que se cultive la joie de vivre.

Cette éthique du « savoir » sous-entend une conscience de notre ignorance ultime et un scepticisme vigilant aux antipodes de la barbarie, pour laquelle la fin justifie les moyens. Elle est à l'origine de l'esprit européen, lequel n'est nullement une exclusivité réservée aux Européens, mais une sorte de patrimoine commun de l'humanité, accessible à l'humain en général, comme la musique polyphonique et la maîtrise du feu. Elle conteste que la fin justifie les moyens, c'est-à-dire le principe selon lequel la victoire d'une hypothèse future justifie la débâcle de la réalité présente. Et seuls les esprits ironiques sont capables d'éclairer les évidences qui dévoilent cette supercherie.

L'Unesco a bien raison de classer au patrimoine commun de l'humanité le bortsch, le couscous, la broderie balinaise, l'art du pizzaïolo, le tir aux osselets mongol, la gastronomie française et le chant bouddhique du Ladakh. Mais pourquoi pas l'esprit européen ? Cette étrange tournure d'esprit qui étudie l'âme humaine sur les chemins escarpés de la dérision, de la blague, de la devinette, omniprésentes déjà dans les dialogues socratiques, dans la *Théogonie* d'Hésiode, dans les tragédies et les comédies antiques... L'esprit européen, c'est la permanence de la dissidence confrontée à l'ordre idéal proposé par les métaphysiques, grecque, juive, chrétienne et autres. En Europe, les arrière-mondes parfaits qu'ont élaborés et imposés comme objets de croyance les différentes théologies ont sans cesse été contraints de cohabiter avec le sourire en coin, le rire sous cape, la réapparition malicieuse, mais constante, du « deux et deux sont quatre, et quatre et quatre sont huit » de Dom Juan. La « religiosité européenne », même aux pires périodes de l'Inquisition espagnole ou des guerres de religions, a dû composer, bon gré mal gré, avec « l'esprit européen », ce fond d'humeur joyeuse et tragique, hérité de l'Antiquité grecque et de la culture juive, et qui, au fil des siècles, n'a jamais cessé de varier pour adapter sa puissance éclairante aux mutations des croyances.

Mais le fond reste le même, la démarche insolente reste la même. Au Dieu, à ses représentants, aux idéologues – leurs sournois successeurs – qui lui murmurent qu'il est malade, faible, et qu'il a besoin d'être soigné, protégé, secouru, l'esprit européen répond par la question : « Mais à quoi pouvez-vous bien me servir, si, pour votre malheur, je suis en bonne santé ? » Cette tournure d'esprit, qui peut sembler pécher par sa légèreté, par sa simplicité, par son évidence et sa banalité, c'est pourtant celle qui, au siècle dernier, a vaincu le nazisme, vaincu le totalitarisme en Europe centrale, vaincu le franquisme, le salazarisme, le fascisme, et c'est celle qui vaincra, un jour, sans aucun doute, le pouvoir des mollahs en Iran.

Si le continent de Rabelais et de Shakespeare a des frontières géographiques, et si son voisin étranger le plus proche est la Russie, son esprit n'est devenu un patrimoine commun de l'humanité qu'en prenant le meilleur du rire humain partout où il a éclairé, un moment, l'histoire des peuples. À la lumière méditerranéenne – dont nos Lumières ne sont qu'une déclinaison – se sont agrégées, ajoutées, confondues, métabolisées, quantité d'autres lumières – dont celles de la Perse – depuis l'Antiquité. Nul pays musulman n'est plus proche de l'esprit européen que la Perse, c'est du moins ce qui saute aux yeux lorsqu'on regarde ses films, quand on lit ses romanciers et ses poètes. C'est dans cette littérature qu'on entend avec le plus de clarté la question posée à la métaphysique : « À quoi peux-tu me servir, si, pour ton malheur, je suis en bonne santé ? » C'est à peu près ce que dit, au XIe siècle, chacun des *rubaïyat* d'Omar Khayyām :

> Je veux bien vendre mon cœur, mes habits et
> mon âme,
> Pour avoir ici-bas une maîtresse et du vin.
> Je jouis du feu, du vent, de la terre et de l'eau,
> Je n'ai que faire du pardon et du châtiment.

Puisque c'est toujours un récit qui unit la société humaine, les philosophes et les poètes du futur ont devant eux le défi de nous raconter une histoire qui n'éveille pas le goût de la revanche, du remords et de la conquête de l'autre, mais du courage, du rire et de la conquête de soi. On peut se réjouir que les grands récits métaphysiques se soient effondrés, en d'autres termes, que Dieu soit mort, mais, comme le remarque Nietzsche – si souvent mal cité –, si rien ne vient les remplacer, sinon un esprit européen aujourd'hui en péril, on finira par les regretter…

En péril, l'esprit européen ? Il suffit, pour s'en convaincre, de regarder un planisphère et de constater le nombre grandissant de pays qui avouent leur tyrannie en persécutant la légèreté, la marginalité, la frivolité, l'humour. Dans les zones sous influence russe, chinoise, iranienne, saoudienne, cela crève les yeux. Mais l'Europe elle-même a cessé d'être l'avocate de son propre esprit. Contrairement aux religions qui affirment que la source de leurs principes est une divinité qui existe et à laquelle il faut croire, le wokisme ne cesse de proclamer qu'il n'existe pas. S'en prendre à l'existence d'une divinité qui échappe à toute perception humaine est un jeu d'enfant comparé à la réfutation d'une divinité morale qui nie sa propre réalité. Si le wokisme n'existe pas, c'est donc qu'il n'est qu'un comportement commun et naturel qui ne nécessite aucune dénomination, comme le fait de respirer pour oxygéner les cellules. Ceux qui n'y adhèrent pas, en revanche, ont une multitude de nom : islamophobes, grossophobes, transphobes, homophobes, pervers, tarés, déviants, Blancs, boomers, etc. Le wokisme n'a pas besoin de nom puisqu'il est la normalité, laquelle a le devoir, en revanche, de nommer les anormaux. Mais c'est une vieille histoire : celle du bon vieux puritanisme, qui lui non plus n'a jamais existé, contrairement aux impurs – les rieurs – que *l'innommable* puritanisme a le devoir de persécuter. Comme lui, le wokisme, à la fois se revendique et s'avoue *innommable.*

Ce qui a changé du tout au tout, ce sont les moyens de transmission. Dans le pouvoir surpuissant d'agréger les imbéciles qu'offrent les réseaux sociaux, réside le péril majeur de l'esprit européen.

Une fable pourrait nous faire comprendre ce qui nous arrive. Un artiste fait un spectacle éblouissant d'intelligence et de drôlerie. La salle est comble : mille personnes. Le public, conquis, se tord de rire et applaudit. Soudain, l'artiste distingue, au premier rang, le visage de deux spectateurs qui exprimENT l'ennui, la réprobation, le mépris... L'artiste se met à les surveiller. Il ne peut s'empêcher de jouer pour eux et d'essayer de les séduire. Il force ses traits. Au lieu de jouer, il se met à penser. Il perd de la présence, les rires du public se raréfient, les deux spectateurs du premier rang soupirent, excédés, et le reste du public sombre dans l'ennui. Dans le spectacle, pour éviter ce genre d'accident fréquent, on apprend aux jeunes comédiens « à édifier le quatrième mur ». C'est ce que nous ne parvenons pas à faire avec les réseaux sociaux. Nous entretenons le même rapport avec les radoteurs numériques que l'artiste avec les deux dégoûtés dont la méchante humeur gâche la joie de neuf cent quatre-vingt-dix-huit spectateurs.

On finit par jouer pour eux, et on perd le sens de la salle, c'est-à-dire de la réalité.

Le *lecteur* – infatigable artisan de l'esprit européen – se juge, s'analyse, met sa psychologie à l'épreuve de celle des autres, s'introspecte, se met dans la peau d'innombrables personnages aussi différents les uns des autres que la duchesse de Guermantes et le commissaire San-Antonio... Madame Bovary en dit autant à un homme noir qu'à une femme blanche. À l'inverse, l'individu sur les réseaux sociaux ne sort pas de sa peau, mais il juge, analyse, condamne, évalue, vise l'autre. Il y a la même différence entre un livre et l'écran du smartphone qu'entre un miroir et un fusil à lunette. L'esprit européen est menacé par la disparition des miroirs et la prolifération des fusils à lunette.

Deux événements récents devraient nous alerter : les décès de Philip Roth et de Milan Kundera. Deux grands humoristes tragiques, deux tourneurs en dérision virtuoses, enterrés à la va-vite, hommages minimum… Notre critique littéraire les a rapidement éclipsés par le feu d'artifice éblouissant qu'ils ont tiré en l'honneur du prix Nobel d'Annie Ernaux.

Ni Kundera, grand européen ironique, écrivain tchèque et écrivain français, ni Philip Roth, grand représentant de l'esprit européen en Amérique, n'étaient plus en phase avec le puritanisme dont le monde intellectuel de la vieille Europe se fait désormais le chantre. Tous deux l'avaient dénoncé, en avaient éprouvé une profonde mélancolie qu'ils ont revêtue de satire et d'une dérision impardonnable. Dans le cas de Kundera, qui honorait la France d'en avoir fait son pays d'élection, la maigreur des honneurs rendus quand il est mort est un reniement de tout ce que nous sommes de plus intéressant, de plus précieux, de plus singulier.

Heureusement, cette hostilité des arbitres du bon goût pour le grand rire artistique échoue à dégoûter les lecteurs. Les livres de Kundera et de Roth sont toujours en piles chez les libraires et remplissent les étagères de lecteurs nombreux et fervents. C'est cette fracture grandissante entre les prescripteurs coincés et les amateurs de créateurs libres qui est inquiétante.

Faisons un saut en arrière de plus de trois mille ans. La scène se passe sur une plage d'une île de la Méditerranée. L'histoire, apparemment banale, revêt pourtant une telle importance que six ou sept siècles plus tard, Homère prendra la peine de la relater. Un homme et une femme sont face à face, c'est Ulysse et la magicienne Calypso. Lui se tord de rire : « Arrête, Calypso, tu es bien gentille, mais ce que tu me dis est tellement énorme, tellement n'importe quoi… » Elle insiste : « Mais je vais te donner la vie éternelle, tu ne mourras jamais, on bouffera, on baisera, on écoutera de la musique en mangeant des gâteaux au miel, on picolera de l'ambroisie à volonté pour toujours… » Ulysse s'essuie les yeux, essaie de reprendre son sérieux : « Je sais que c'est difficile de se quitter, je vois bien que tu as un faible pour moi, et je suis sensible à ton charme, mais si ton seul argument pour que je reste près de toi est de me garantir la vie éternelle, il ne me convainc que de rentrer chez moi. Mets-toi à ma place, un homme te promettrait la vie éternelle pour coucher avec toi, tu partirais à toutes jambes. Tu te dirais soit il blague, soit il me prend pour une idiote… Calypso, je ne sais pas grand-chose, mais je sais que je vais mourir. Les plus grands malheurs et les plus grandes joies que j'ai connus n'ont jamais relevé de la magie, mais de la manifestation fortuite de choses parfaitement réelles. Et je veux continuer à vivre ainsi. C'est pourquoi je retourne à Ithaque. » Et d'ajouter, non sans un soupçon d'ironie tragique : « Quand bien même il n'y aurait plus que mon chien qui m'y reconnaisse. »

Homère ne fait pas mention de la dernière partie de la phrase, c'est moi qui extrapole, mais elle est sous-jacente. Ulysse a le choix entre disparaître dans la fable qui lui propose Calypso et continuer à affronter la vie surprenante. Quelques dizaines de siècles avant Nietzsche, Ulysse met en pratique le fameux concept de l'« éternel retour » : « Pour ne pas me trahir moi-même, je ne dois accepter de faire que ce que je pourrais faire éternellement. Ai-je envie de vivre éternellement l'éternelle prévisibilité de ripaille, de baise, d'ivresse que me promet Calypso – si tant est qu'elle puisse tenir sa promesse, soit dit en passant… ? À bien y réfléchir, c'est non. La seule chose que je sois prêt à faire éternellement, c'est de mettre mon ingéniosité, mon humour et ma curiosité à l'épreuve de la réalité changeante. » Le premier héros mythique de notre civilisation est un individu qui préfère accepter l'inéluctable mort et vivre intensément plutôt que de sacrifier son existence à des chimères d'outre-monde. C'est sans doute la raison pour laquelle les hexamètres homériques sont si bouleversants : ils racontent, sinon ce que nous sommes, ce que nous avons l'ambition d'être lorsque nous en avons le courage.

Si l'humour entretient une relation constante avec la mort et le sacré, c'est qu'il a un compte à régler avec eux : avec la mort à laquelle il n'accorde que sa fatalité, et avec le sacré qui envahirait tout si l'humour ne lui opposait sans cesse sa résistance. Mais le grand humoriste, bien qu'il soit un bienfaiteur, sait qu'il ne doit attendre aucune reconnaissance, et être indifférent à l'ingratitude, pour la simple raison que le rire est à lui-même sa suprême récompense. Il est un funambule qui danse sur un fil entre l'amour et la haine.

« Le rire bouscule les valeurs... Et qui peut croire qu'on peut vivre sans certaines valeurs ? Qui peut croire qu'on peut jouer la vie sans consentir à des règles du jeu ? Alors pourquoi bousculer ces règles ? Pourquoi offenser nos vertus ? Pourquoi les désacraliser et les moquer en leur rappelant qu'elles ont nos désirs, nos ambitions, nos pulsions et nos intérêts bien compris pour origines ? » Pour les rendre vivantes, pour les contraindre à s'adapter à l'incessante modification de la réalité. Pour que la règle du jeu n'en vienne pas à censurer le jeu. Sans le rire, les valeurs figées – y compris les plus excellentes – deviennent des décrets qui remplissent les prisons des tyrans et la bonne conscience des assassins. Rire est dangereux. Ce qui fait rire au cabaret fait mourir en place de Grève.

31

Peut-on rire ?

On pose souvent la fastidieuse question aux humoristes : peut-on rire de tout ? C'est une question optimiste. Elle suppose qu'on peut rire de certaines choses. Rien n'est moins sûr. Il existe sur toute la planète des sphères religieuses et politiques puissantes où l'on ne peut rire de rien. Que nous n'en soyons pas effrayés est effrayant. « Peut-on rire de tout ? » est une question mesquine. Un pauvre piège grossier qui donne le beau rôle au questionneur, car le questionné ne peut s'en sortir que par une pirouette plus ou moins satisfaisante (« On peut rire de tout, mais pas avec n'importe qui », répondait Pierre Desproges), qui rend la question plus noble que la réponse. Car la réponse est clairement contenue dans la question : non, on ne rit pas des pédés, des nains, des Juifs et de la Shoah, des morts pour la France, des femmes battues, des infirmes, des pauvres, des musulmans, des gouines, des gros, des vieux, des Bretons, des Basques, d'Annie Ernaux, de Jésus-Christ, de la Sainte Vierge, de Gisèle Halimi, du sida, du cancer, du football, de ceux qui ont des doigts comme des petites saucisses, des aveugles, des sourds, des Palestiniens, du réchauffement climatique, des migrants, de la pollution de l'air, de la misère du sous-continent indien, de la colonisation, de la décolonisation, de Jean Moulin, des autistes, des trisomiques, des bipolaires, des boulimiques, des anorexiques, de tous ceux qui ont souffert, qui souffrent, qui souffriront un jour… Poser la question « peut-on rire de tout ? » sous-entend hypocritement qu'en vérité, la seule réponse décente, c'est qu'on ne peut rire de *rien*. Libre à vous de rire et de faire rire avec ceci ou cela, dit gravement l'homme avisé, d'ailleurs vous ne manquez pas parfois de me divertir, mais c'est vous qui prenez la responsabilité de faire *ce qui ne se fait pas*.

Et d'ailleurs, pourquoi faudrait-il rire de tout ? Pourquoi rire de certaines choses nous obligerait, pour être cohérent, à rire de tout ? Les choses ne prêtent à rire que lorsqu'elles deviennent n'importe quoi, par vanité, bêtise ou cruauté, ou au contraire grâce à leur charme, leur beauté surprenante, leur poésie inexplicable. C'est la raison pour laquelle, si l'on ne peut pas rire de *tout*, on peut, en revanche, rire de *n'importe quoi*. C'est un droit imprescriptible qui ne s'obtient qu'au jour le jour par un effort philosophique qui est à lui-même son propre but. Les réussites sont inégales, car nous n'avons pas tous à soulever la même tragédie intime. Contre toute apparence, c'est dans la conscience du caractère irrémédiable de la tragédie que s'invente la joie de vivre.

Dans un documentaire des années soixante, on voit Glenn Gould à New York, un matin, quand il arrive au studio d'enregistrement. Il s'assoit devant le piano, sur la petite chaise d'enfant qu'il emporte partout et qui lui met le menton au ras du clavier. C'est ainsi qu'il joue. Il est maniaque. L'ingénieur du son est devant sa console, il attend que Gould se décide à jouer. Le directeur artistique, accoudé au piano, s'enquiert : « Tu es en forme, Glenn ? » Il *faut* qu'il le soit pour livrer son interprétation des étourdissantes variations Goldberg. Glenn Gould, accablé, la tête baissée sur le clavier, répond : « Non, je ne me sens pas bien… Je n'ai pas d'énergie… J'ai mal à la tête… Je me sens vide… » Le directeur artistique veut lui remonter le moral : « Ah bon ? On ne dirait pas ! Je t'assure, tu as l'air en pleine forme ! » Alors Glenn Gould relève la tête et lui dit : « Rabat-joie ! » J'ai beaucoup ri en découvrant cette scène. Si elle est aussi drôle, c'est que, sous la réponse facétieuse de Gould, se cache une profonde vérité. Le directeur artistique croit bien faire en cherchant à nier le mal-être de l'artiste, lequel sait que sans la redoutable distance qu'il doit parcourir pour aller de son état dépressif à la jubilation du virtuose exécutant les variations Goldberg, son interprétation n'aurait aucun intérêt. Et comme cette jubilation est au-dessus de tout, mais qu'elle n'existerait pas sans sa matrice tragique, l'artiste, comme le philosophe, comme tout être pourvu d'une conscience tragique, doit aborder comme il peut un rivage scandaleux, un ici et maintenant interdit aux petites natures morales. Ici règne l'acquiescement au mal-comme-élément-de-la-réalité, non pas parce qu'il nous fait souffrir, nous avilit et nous tue, mais parce, dans notre fatale cohabitation avec le mal, on prend appui sur lui pour construire une volonté de vivre qui prend la forme de la beauté, de la musique, de l'amitié, du rire, de la connaissance, de la pensée.

Lorsqu'un adulte regarde un nourrisson qui gazouille et qui sourit, et qu'il s'exclame « comme il est gracieux ! », l'adulte, sans le savoir, perçoit une idée fondamentale. *Gracieux* signifie littéralement que l'enfant a la grâce. Et il a la grâce parce qu'il *sourit*. La grâce est un problème spécifiquement humain. Les animaux, qui ignorent qu'ils vont mourir, ont une grâce naturelle qui ne leur coûte rien, contrairement à la grâce humaine, qui est héroïque. L'adulte a raison bien plus profondément qu'il ne le croit. Ce sourire du nourrisson, à l'aube de sa vie que la tragédie n'épargnera pas, est la première expression de la grâce. C'est la conservation, la survivance, le développement, la prospérité, la culture de ce sourire, qui déterminera la réussite de sa vie. Ce sourire, c'est la première ouverture de l'esprit, le premier balbutiement de l'enthousiasme et de l'appétit pour digérer le monde avec « ses beaux naufrages / Et ses saumons fumés », comme disait Jacques Prévert.

Ce sourire dit « j'en veux ; de quoi, je n'sais pas, mais j'en veux ».

Notre XXIe siècle est quadrillé par une armée de censeurs offensés par tout ce qui n'est pas strictement eux-mêmes. La tristesse revendique le pouvoir parce qu'elle se croit plus intelligente que la joie. Nous nous inclinons devant la tristesse parce qu'elle possède l'arme de la culpabilité. Nous *savons* qu'elle a tort, mais *nous n'y croyons pas*. Il en va ainsi de la mort, comme en parlait Lacan : « Vous *savez* que vous allez mourir, mais vous *n'y croyez pas.* » Nos expressions idiomatiques avouent notre désaccord secret : on dit toujours *un triste con*, *un sinistre imbécile*, *un sombre crétin*, on ne dit jamais *un joyeux con*, *un gai imbécile*, *un radieux crétin*.

Le rire, le sourire, sont évidemment humainement impossibles dans d'innombrables circonstances. Ils ont bien sûr une limite. Mais c'est précisément le combat incessant contre cette limite qui nous sauve. Or, ce combat ne va pas de soi. Si la santé physique, le tempérament, le caractère, le bagage génétique, l'histoire familiale, etc., influencent son issue, il n'en reste pas moins que la décision de mener ou non le combat dépend d'une volonté personnelle consciente. Sans ce *vouloir-lutter*, l'individu sera fatalement gagné par une tristesse avec laquelle il pourrira non seulement sa vie, mais celle des autres. Nous ne sommes pas libres, la liberté n'est rien d'autre que l'effort de repérer et contredire les déterminismes, effort infiniment plus décisif que ses résultats.

Les vertus exaltées par la tristesse – justice, générosité, courage – sont des toxiques de l'âme ; les mêmes vertus exaltées par la joie sont ses remèdes.

Les éternels offensés dénoncent l'injustice, mais détestent la justice, ils dénoncent l'égoïsme, mais détestent la générosité, ils dénoncent la lâcheté, mais détestent le courage. Ils sont les militants d'une défaite morale et d'une pensée paresseuse qui promettent l'avènement d'un monde enfin sérieux. Un monde où, enfin, il n'y a plus de quoi rire.

32

La genèse (suite et fin)

Dans les années 1960, Philip K. Dick a inventé une uchronie, *Le Maître du haut château*, où Hitler et Mussolini ont gagné la Seconde Guerre mondiale. Bien qu'admirant l'intelligence et l'imagination de K. Dick, je ne me suis jamais résolu à lire ce livre. Je me suis toujours arrêté aux premières pages, découragé, déprimé, indifférent, la curiosité en berne, incapable de poursuivre la lecture.

Aujourd'hui, je rêve parfois d'une autre uchronie. D'innombrables circonstances – parmi lesquelles on trouve l'optimisme de Rousseau sur la nature humaine, les guerres du XIXe et du XXe siècle, les révolutions communistes et la très laborieuse prise de conscience de leurs crimes, une infinité de petits et grands événements que l'histoire a oubliés – nous ont menés, après avoir scellé l'Union européenne, à choisir l'*Hymne à la joie* de Beethoven comme hymne de l'Europe. Pourquoi pas ? L'ampleur, le souffle, le lyrisme du dernier mouvement de la *Neuvième symphonie* justifient son statut de clef de voûte musicale de l'édifice européen… Mais enfin, c'est quand même avec beaucoup d'emphase et au rythme d'une marche militaire que « nous pénétrons, l'âme enivrée, dans le temple de la joie ».

J'imagine alors que quelques modifications du passé auraient pu nous conduire à faire un autre choix ; et je crois que nous vivrions dans un monde très différent si, pour chanter notre esprit européen, nous avions choisi un air de Mozart. Si au lieu d'entonner à pleins poumons sur les notes de Beethoven « *Freude ! […] Alle Menschen werden Brüder / Wo dein sanfter Flügel weilt* » (« Joie ! […] Tous les hommes deviennent frères / Là où ton aile nous mène »), nous chantions sur la délicieuse mélodie de l'acte I scène 9 du *Don Giovanni* de Mozart « *Là ci darem la mano, là mi dirai di sì…* » (« Là-bas, nous nous donnerons la main, là-bas, tu me diras oui »), quelle atmosphère différente nous respirerions ! Si notre hymne européen, au lieu d'être une affirmation tonitruante de la fraternité, était une chanson d'amour aussi réjouissante que diabolique, si, au devoir de solidarité beethovenien, on avait substitué le désir de complicité mozartien, peut-être serions-nous beaucoup plus forts. Peut-être que l'indigénisme, le wokisme, le souverainisme, l'islamisme, l'antisémitisme n'auraient pas trouvé où s'enraciner dans une terre qui, pour son hymne, aurait préféré la grâce à l'emphase.

Les peuples qui ont une relation martiale avec leurs symboles, leur langue, leur histoire, leur patrimoine, bref, les peuples nationalistes – autre manière de dire paranoïaques – sont les monstres qui déclenchent les guerres et qui les perdent. C'est pourquoi, à mon sens, l'uchronie de Philip K. Dick est inimaginable. Quelle que soit la puissance de feu qu'ils déchaînent et les massacres qui s'ensuivent, ils finissent par s'effondrer. C'est du moins ce que nous a appris l'histoire du xxe siècle. Si l'on fouille dans son horreur, on s'aperçoit qu'en plus de la puissance militaire, c'est la nature de l'idée pour laquelle on se bat qui emporte la victoire. Dans notre monde de puissants calculateurs, d'économistes et de sociologues, on sous-estime toujours la pouvoir motivant des idées. L'individu n'est pas qu'un comptable de ses intérêts immédiats. Il a une idée du monde dans lequel il veut vivre, et, s'il s'en donne la peine, il identifie parfaitement les valeurs qui rendent ce monde possible. C'est justement parce que, à ce sujet, Churchill a fait confiance à son peuple, que Hitler et Mussolini ont perdu la Seconde Guerre mondiale.

Lorsque la Luftwaffe s'est mise à bombarder l'Angleterre, le ministre de l'Intérieur prit sur lui de fermer les salles de spectacle. Churchill, furieux, ordonna de rouvrir immédiatement les théâtres, les cinémas et les salles de concert. C'est pour *ça* qu'Hitler et Mussolini ont perdu la guerre. Lecteur, je te fais confiance, à ce stade de mon livre, je n'ai pas besoin de t'expliquer cette ellipse historique.

Que je t'aie convaincu ou non, tu sais désormais où je veux en venir. Nous allons donc bientôt nous quitter. Je termine ce livre au moment où le Hamas est entré en Israël pour massacrer des Juifs, et où les Juifs se défendent sous le regard indigné des antisémites.

Dans les rues européennes, on assiste, accablés, à des manifestations hostiles à Israël où l'on entend, çà et là, « mort aux Juifs ». L'Europe étant ce qu'elle est, c'est-à-dire une création judéo-grecque, l'antisémitisme européen exprime, au fond, le désir de voir l'Europe s'effondrer, disparaître. Mort aux Juifs, ça veut dire mort à l'esprit européen, mort aux Européens, mort à Mozart, mort aux Beatles et à Lady Gaga, mort à Matisse, mort à Rabelais, mort aux frères, aux cousins, aux amours, aux amis, aux enfants…

Il est tentant, par mesure de sécurité, de se murer chez soi, de se boucher les oreilles, de maudire l'époque et de désespérer des hommes. Et pourtant, lecteur, du fond de ta profonde tristesse, tu en as la conviction intime – je sais, c'est difficile à dire, mais c'est mon travail d'écrivain de le dire à ta place : c'est ton rire qui sauve le monde.

Table

Composition et mise en pages
Nord Compo à Villeneuve-d'Ascq